# UNE VEILLÉE

AU

# Corps-de-Garde du Palais-Royal,

OU

# LOUIS-PHILIPPE,

## ROI DES FRANÇAIS;

*Par E. Boutmy,*

GARDE A CHEVAL, 2e COMPAGNIE DE LA GARDE NATIONALE
DE PARIS.



PARIS.

IMPRIMERIE D'ÉVERAT,

RUE DU CADRAN, N° 16.

1831.

# UNE VEILLÉE

AU

# CORPS-DE-GARDE

# DU PALAIS-ROYAL.

Tout exemplaire du présent ouvrage qui ne porterait pas comme ci-dessous la signature de l'éditeur sera contrefait. Les mesures seront prises pour atteindre, conformément à la loi, les fabricateurs et débitans de ces exemplaires.

# UNE VEILLÉE

AU

# Corps-de-Garde du Palais-Royal,

OU

# LOUIS-PHILIPPE,

## ROI DES FRANÇAIS;


*Par E. Boutmy,*

GARDE A CHEVAL, 2e COMPAGNIE DE LA GARDE NATIONALE DE PARIS.

PARIS.

IMPRIMERIE D'ÉVERAT,

RUE DU CADRAN, N° 16.

1831.

# UNE VEILLÉE
# AU
# CORPS-DE-GARDE
# DU PALAIS-ROYAL.

---

## L'Anniversaire.

C'était au mois d'octobre 1830, à dix heures du matin : le temps favorisait la foule des curieux réunis dans la cour du Palais-Royal pour assister à l'arrivée de la garde montante. Les sentinelles de la nuit se préparaient à regagner leurs foyers; déjà une musique guerrière s'était fait entendre vers le haut de la rue Saint-Honoré. Les tambours battirent aux champs; chacun se mit à son rang, sous les armes. Sur les balcons du palais apparurent des spectateurs toujours heureux de jouir de l'enthousiasme de la nation; à quelques fenêtres aussi, les rideaux, discrètement soulevés, laissèrent entrevoir des têtes non moins attentives, dont les sourires sont un prix si doux pour le zèle de la milice citoyenne.

Bientôt les compagnies destinées à former la garde du Palais-Royal entrent dans la cour. A leur vue éclate une surprise mêlée de cris de joie; on s'empresse, on se questionne, et chacun apprend pourquoi un officier supérieur est à leur tête, pourquoi des bouquets de fête ornent leurs fusils; des acclamations s'élèvent alors de toutes parts vers la demeure royale, où cet hommage inattendu cause un de ces instans de bonheur qui paient tous les soucis attachés à la couronne. C'était l'anniversaire de la naissance de notre Louis-Philippe, c'était un jour de fête pour la garde nationale et pour toute la France! Aux cris répétés de *vive le roi! vive la famille royale!* se mêlent les chants nationaux de *la Marseillaise* et de *la Parisienne*. Le même enthousiasme anime un concours de citoyens toujours plus nombreux.

Rien ne manque à cette fête de famille. Le roi, le père des Français, ses jeunes fils, l'espoir de la patrie, sont venus se mêler à la foule. Ils portent comme nous l'uniforme national. Ils ne passent pas une revue, ils se mêlent à nos rangs, ils viennent recevoir, sans faste, sans orgueil, le tribut de nos bouquets, de nos vœux, qui ne seront pas stériles. En échange, leurs larmes nous attestent leur émotion; les paroles franches, sincères qui sortent de leur bouche, nous assurent de leur dévouement à la cause que la France leur a confiée. Les acclamations, les transports redoublent; de tous côtés retentit le serment de fidélité à la France, à la liberté!

Et tandis que la cour du palais offre ainsi, à l'improviste, ce touchant spectacle, les regards d'un fils ont guidé les yeux de la foule vers le balcon où la reine, entourée de ses filles, tenant par la main deux princes encore sous sa tutelle, vient ajouter à ce tableau si animé un attrait de plus, et de nouvelles espérances. A côté de cette auguste mère, offrant à la patrie sa nombreuse famille, on remarque avec un respect mêlé d'attendrissement une princesse éprouvée par l'adversité, et dont le cœur appartient tout entier à la France et aux malheureux. La foule jouit avec délices de leur joie, et des vœux unanimes les suivent long-temps encore dans l'enceinte du palais où toutes les vertus domestiques viennent parer la majesté royale.

Ce jour-là, le corps-de-garde occupé par la milice citoyenne ne désemplit pas; jamais le poste n'avait si bien été nommé poste d'honneur. On ne cessa de s'entretenir de la fête du matin, de la famille royale, et des nobles qualités de ceux que la plus juste des révolutions a placés sur le trône. Chacun peignait sous des couleurs variées, mais toujours vives, notre avenir si plein d'espérance. L'un parlait avec enthousiasme du roi qui semble estimer par-dessus tous les titres celui de citoyen français; ailleurs on rappelait ses fils élevés sur les bancs de nos colléges comme les fils des simples citoyens, sans autres distinctions que celles qui résultent du travail.

Vers le soir, Louis-Philippe se ressouvint de ses camarades (c'est ainsi qu'il nous avait appelés lui-même). Un vaste bol de punch, apporté par ses ordres, vint éclairer le corps-de-garde de sa flamme bleuâtre. On s'empressa à l'entour; on prit son rang aussi exactement qu'à la parade, et bientôt on porta de cœur la santé de Louis-Philippe.

Le sujet des conversations du jour était loin d'être épuisé. On parla encore du roi, de sa bonne foi, de son courage, de ses malheurs, de son ame toute française, de son esprit si éclairé, si exempt de préjugés. « Je l'ai vu sur le champ de bataille, disait un vieux soldat, caporal de grenadiers, et je garantis que l'on peut compter sur lui : Lafayette avait raison : c'est là le roi qu'il nous faut. — C'est le roi qu'il nous eût fallu en 1791, reprenait un autre de nos camarades, car il comprenait la révolution, il en admettait de bonne foi les principes, et il eût épargné bien des tourmens à nos pères; ce qu'il n'a pu faire alors, il le fera pour nous en 1830. — J'ai été douze ans prisonnier en Angleterre, ajouta un troisième; le duc d'Orléans y était exilé : peu riche, il venait cependant au secours de tous les Français.

Puisqu'il est sur le trône, comptons sur lui pour veiller au bien-être du pauvre, pour soulager le malheur. — Vous avez raison, camarades, continua un lieutenant; vive notre roi! car toute sa vie il a su être homme; je l'ai connu dans l'infortune, toujours supérieur à sa destinée; et la dignité dans le malheur a quelque chose de plus grand encore que sur le trône. — Si l'adversité ne l'a point abattu, ajoutait-on encore, la prospérité ne l'a pas non plus aveuglé. Toujours simple, la gloire qu'il ambitionne c'est celle qui vient du mérite personnel. Il estime la naissance à sa juste valeur, et sait tenir compte avant tout des talens et du patriotisme. Oui! *C'est bien là le roi qu'il nous fallait!*

Plus que jamais, ce sentiment était unanime, un groupe formé des plus jeunes spectateurs prêtait surtout à ces souvenirs une oreille attentive et curieuse; je crus devoir me faire leur interprète et je pris la parole : « Camarades, nous sommes, par notre âge, étrangers aux événemens de cette vie si glorieuse sur les champs de bataille, si pure au sein des révolutions, si ferme sous le poids de l'infortune. Nous en avons tous cherché avidement quelques récits épars dans les livres, mais ce que nous venons d'entendre nous inspire un intérêt tout nouveau. Faire connaître à des Français leur roi tel qu'il fut dans toute sa carrière, c'est je crois le meilleur moyen de rallier tous les cœurs autour de son trône ; ce serait donc une bonne action de votre part que de nous raconter tour à tour ce que vous avez vu de cette vie si éprouvée, si pleine. Sauf meilleur avis, il me semble que ce moyen d'occuper notre veillée est préférable à tout autre.

— Alors je réclame le premier la parole, dit un sergent à cheveux blancs qui n'avait point encore pris part à cette conversation, car le Palais-Royal est mon berceau, et en qualité d'ancien serviteur de Louis-Philippe, j'ai assisté à son éducation. Il me semble que personne n'en a encore rien dit. — C'est juste ! c'est juste ! répétâmes-nous ensemble, nous vous écoutons. »

Tous les verres furent simultanément remplis et vidés, après quoi le vieux sergent commença en ces termes.

# PREMIER TOAST.

## NAISSANCE. — ÉDUCATION.

« Louis-Philippe d'Orléans naquit au Palais-Royal en 1773, le 6 octobre. Son grand-père vivait encore; son père était alors duc de Chartres, et lui-même reçut à sa naissance le titre de duc de Valois. Sa première éducation fut confiée à M. le chevalier de Bonnard, homme d'un esprit aimable et d'un caractère facile. La cour n'offrait guère alors de ces hommes que leurs vertus austères devraient appeler à diriger l'éducation des princes. Le père du duc de Valois se garda bien d'aller chercher parmi ses flatteurs, ou de demander aux compagnons de ses plaisirs un gouverneur pour ses enfans (1). Son esprit supérieur appréciait toute l'importance du choix qu'il allait faire. Il s'en était long-temps occupé en vain, lorsque M^me la comtesse de Genlis se proposa en plaisantant comme gouverneur des jeunes princes, et fut sérieusement chargée de ces hautes fonctions.

Le duc d'Orléans avait su reconnaître en elle un esprit juste, une instruction solide et variée, un talent de persuasion et un caractère qui la rendaient très-capable de répondre à sa confiance. Il n'hésita donc point dans sa résolution. On en plaisanta d'abord, on en rit surtout à la cour; tout fut inutile, le prince s'en rapporta à lui-même et s'en remit à l'avenir pour justifier son choix. Il fit bien, et sa meilleure réponse, comme le plus bel éloge de madame de Genlis, est aujourd'hui sur le trône.

La gouvernante s'appliqua surtout à donner aux

(1) Il en avait déjà quatre en 1779 : M. le duc de Montpensier, frère puîné du roi actuel, est né en 1775; Mademoiselle d'Orléans en 1777, et M. le duc de Beaujolais en 1779. (*Not. de l'Édit.*)

jeunes princes une éducation forte, afin d'en faire des hommes plutôt que des grands seigneurs voués à l'oisiveté et à la mollesse. Elle adopta pour ses élèves une gymnastique qui devait développer leur agilité, leur force, et leur donner une santé à l'épreuve. Elle ne prévoyait pas sans doute alors combien ils devraient s'en féliciter aux jours de l'infortune, mais elle savait quelle influence ont ces exercices du corps sur l'éducation morale.

Ainsi j'ai vu les jeunes princes descendre en hiver dans des caves profondes et humides, porter des fardeaux, braver le froid, passer en décembre des heures dans les mansardes à questionner, à consoler ceux qui les habitaient sans feu toute l'année; ils apprenaient ainsi à connaître comme à soulager la misère.

A Saint-Leu, leur résidence ordinaire, ils étaient accoutumés à se servir eux-mêmes, fallût-il pour cela s'exposer à la pluie ou marcher dans la neige. Dans leurs promenades, comme aux lieux préparés à cet effet, les jeunes princes se faisaient un jeu de lutter ensemble à la course, de sauter des fossés, de grimper sur des arbres où ils se tenaient quelque temps suspendus en équilibre. Pour l'équitation, c'était le duc d'Orléans lui-même qui présidait à cet exercice. Ce prince était un des meilleurs écuyers de France, et sous ce rapport ses enfans n'ont jamais eu d'autre maître. La natation leur était aussi principalement recommandée par madame de Genlis. Un des jeunes princes, le comte de Beaujolais, sut un jour exploiter adroitement l'importance que la gouvernante attachait à cet exercice, pour éviter les reproches que son espiéglerie aurait pu lui attirer. C'était à *Anet*. M. le comte de Beaujolais, voulant interrompre la monotonie des repas auxquels présidait la gouvernante, et qui étaient d'une sobrieté presque pythagoricienne, dit un soir à deux de ses amis : « Il faut faire cette nuit un bon souper ; nous feindrons d'aller nous coucher, et lorsque tout le monde reposera nous nous réunirons dans ma chambre ; là je vous promets un magnifique festin ; mes frères sont mes complices. » Le mot d'ordre est donné, le cuisinier est gagné.... Les princes retirés dans leur appartement éteignent leurs lumières et attendent avec impatience que le château soit endormi. Le comte de Beaujolais veillait avec l'anxiété d'un chef de conjurés. Bientôt ses augustes complices et les deux convives se glissent à pas de loup dans la chambre de leur hôte, et là, sans bruit, dressent la table et mettent le couvert. Mais le cuisinier n'arrivait pas; partagé entre son devoir et la promesse qu'il avait faite à son jeune maître, il avait hésité à réveiller la broche à une heure où elle devait dormir. Enfin il arriva pâle comme la peur, osant à peine hasarder sur la porte le signal convenu, et allongeant d'une main tremblante les mets qu'il avait mystérieusement préparés. Cette apparition excita un rire général.

Le souper fut charmant et dura jusqu'au point du jour. Au moment où l'on allait se séparer et où nous mettions toute notre attention à ne laisser dans la salle du banquet aucun indice dénonciateur, le jeune amphytrion exprima la crainte qu'une nuit ainsi passée ne laissât sur leur figure des traces d'abattement capables de les trahir. Un expédient fut aussitôt proposé et accepté pour parer à ce danger. On résolut d'aller faire une promenade dans les champs, et, au bout de quelque temps, de se baigner à la rivière. Madame de Genlis aimait fort que ses élèves fissent de ces promenades du matin, et qu'ils se baignassent fréquemment pour devenir de bons nageurs; aussi, lorsque le lendemain les trois jeunes princes allèrent l'embrasser, les cheveux encore humides, le teint frais et animé, ils furent complimentés pour leur diligence et leur activité si matinale.

Leur gouvernante voulait encore qu'ils eussent une idée de toutes les connaissances utiles. Pour cela elle les conduisait souvent dans les ateliers, dans les manufactures. Là ils s'instruisaient par eux-mêmes beaucoup mieux qu'ils n'auraient pu le faire dans les livres. Ils y apprenaient de plus à juger les travaux, le prix qu'ils devaient attacher, quoique princes, aux sueurs de la classe laborieuse.

Un jour, chez un orfèvre où nous assistions à une fonte d'argent, M. le duc de Chartres reçut à la jambe une éclaboussure qui le brûla; mais, soit que l'attention qu'il prêtait l'empêchât de ressentir toute la douleur, soit qu'il ne voulût pas interrompre pour lui seul le travail de plusieurs personnes, il ne laissa pas échapper une plainte ; je ne m'aperçus qu'il était blessé qu'au sang qui coulait abondamment de sa jambe.

Outre le danger de tels accidens, le bruit des marteaux et des enclumes, la chaleur des fourneaux, l'odeur âcre des matériaux en fonte, le froid nécessaire à certains travaux, auraient pu dégoûter les jeunes princes de semblables études ; mais ils les bravaient volontiers pour s'instruire et acquérir des connaissances dont ils avaient compris tout l'avantage. Ils questionnaient les ouvriers avec un véritable intérêt ; ils se faisaient expliquer tout ce qu'ils avaient sous les yeux et ils écoutaient non-seulement sans témoigner la moindre répugnance, mais avec un plaisir qui attestait et leur intelligence et le fruit qu'ils retiraient de cet utile examen.

Cette éducation pratique s'étendait, à mesure que les princes croissaient en âge, à des objets d'une plus haute importance. Le duc de Chartres alla bientôt étudier tous les matins la chirurgie à l'Hôtel-Dieu, et il était aux pansemens l'un des élèves les plus assidus. Il examinait avec courage la nature des plaies et des maladies, et cherchait à en connaître le remède. Il fut bientôt en état de saigner lui-même, ce qu'il faisait presque tous les jours tandis que sa sœur apprenait près de lui à panser les blessés (1).

Outre la santé et la force, les jeunes fils du duc d'Orléans durent à cette éducation si complète une présence d'esprit qui ne se démentait jamais, une fermeté au-dessus de leur âge. Ils firent dans les sciences, dans les lettres, dans l'étude des langues, de rapides progrès. Il est vrai que leur gouvernante savait les leur enseigner d'une manière agréable, par la pratique plutôt que par des démonstrations souvent arides. Ainsi au dîner l'on ne parlait qu'anglais, au souper tout se disait en italien. Les jeunes princes aimaient beaucoup la botanique : madame de Genlis leur donna un jardinier allemand qui ne savait pas d'autre langue que la sienne.

Bientôt des voyages dans l'intérieur de la France vinrent perfectionner cette instruction. Sous la con-

(1) Nous verrons plus tard que le duc de Chartres était un excellent élève en médecine, et de quelle utilité lui fut ce talent. (Voy. *Voyage en Amérique*).

duite de leur gouvernante, les jeunes princes allèrent à Spa et parcoururent la Normandie.

C'est dans une de ces courses qu'ils visitèrent l'abbaye du mont Saint-Michel : ils apprirent à connaître une de ces prisons d'état où des lettres de cachet confinaient sans jugement des hommes qui ne devaient pas recouvrer leur liberté. Louis XIV y avait fait construire une cage qu'on appelait la *cage de fer*, quoiqu'elle fût formée d'énormes poutres de bois qui n'avaient que la couleur de ce métal. On y arrivait par des souterrains fangeux, car cette cage avait été placée à dessein dans une espèce de cloaque entouré d'eaux fétides. Elle était construite de manière encore à ce qu'un homme ne pût s'y tenir debout. Ainsi courbés et soumis à une continuelle torture, les malheureux qu'on y mettait de temps en temps y respiraient la mort dans une atmosphère méphytique. C'est là que Louis XIV, dont l'orgueil protégea les lettres et construisit la *cage de fer*, fit enfermer et laissa périr un journaliste hollandais, qui avait osé écrire contre le grand roi.

Lorsque le duc de Chartres eut entendu raconter

l'usage auquel avait servi cette infâme prison, il demanda avec instance qu'elle fût détruite à ses yeux; on le lui promit. Non content de ce succès, il voulut encore en faire partager la joie à tous ceux qui l'entouraient. Gardiens, captifs, domestiques de la maison des princes, tous, nous pénétrâmes avidement dans ces souterrains, tombeaux destinés à des êtres vivans. M. le duc de Chartres nous précédait; arrivé à la cage fatale, il y porta le premier coup de hache, et de si bon cœur qu'il eut en peu de temps abattu l'une des poutres dont elle était formée. Ce furent alors des transports de joie, chacun voulut mettre la main à l'ouvrage, l'horrible monument de haine et d'orgueil eut bientôt disparu, et un feu de réjouissance, allumé dans ces ténébreuses cavernes, en dévora jusqu'aux derniers vestiges (1).

Un des témoins de cette scène ne partageait pas la gaîté des assistans: c'était le geôlier de l'Abbaye. Le prince s'en aperçut, et pour le dédommager de

(1) Dans ses récits mensongers, la flatterie a plus tard attribué ce trait au comte d'Artois, qui en effet avait passé, quelque temps auparavant au mont Saint-Michel, et y avait visité la *cage de fer*.

la contribution qu'il levait, à l'aide de cette cage, sur la curiosité des voyageurs, il lui donna dix louis, en l'assurant qu'il gagnerait plus à montrer aux étrangers la place où avait été la cage, qu'à leur faire voir un instrument de tortures....

Quelques traits encore de leur éducation vous prouveront que le cœur des jeunes princes était formé à toutes les vertus, en même temps que l'on prenait soin de diriger leur raison et d'éclairer leur esprit.

M. le duc d'Orléans n'était pas alors en faveur à la cour de Louis XVI. Il avait le tort de comprendre et les besoins et le mécontentement du peuple; il voyait se préparer une grande et terrible révolution; il voulait que le roi la prévînt en cédant à de sages remontrances, en prouvant qu'il savait apprécier le progrès des lumières et de l'instruction chaque jour plus répandues. Le roi, peut-être, eût cédé à ces sages conseils, mais il était entouré de gens qui tenaient à leurs priviléges de féodalité; et comme M. le duc d'Orléans s'en était ouvertement déclaré l'ennemi, les nobles obtinrent à plusieurs reprises qu'il fût exilé de la cour.

Les effets de ce ressentiment s'étendaient également à sa famille, aussi M. le duc de Chartres n'obtint-il le cordon bleu qu'un an plus tard qu'il n'était d'usage de l'accorder aux princes du sang. C'était, pour ce temps-là, une disgrace à laquelle tout autre eût attaché un grand prix. Le jeune prince s'en vengea, comme il l'a fait toute sa vie, par le calme et l'oubli de l'injustice.

Lorsqu'enfin il parut aux Tuileries, sous l'habit de chevalier du St-Esprit, « toute la cour fut frappée » de sa bonne mine, de ses manières nobles et ai» sées. Il fut accablé de complimens et d'éloges.
» Sa figure avait quelque chose de noble et à la
» fois annonçait une douceur, une affabilité par» faites; à toutes les questions qui lui étaient adres» sées, il répondait sans embarras; le son de sa voix
» plaisait; les choses qu'il disait charmaient, et
» plus d'un des spectateurs de cette cérémonie s'é» cria que ce n'était pas un enfant, mais un ange;
» d'autres, moins enthousiastes, ne purent s'empê» cher de convenir que madame de Genlis avait fait
» de son élève un jeune prince accompli. »

Le duc de Chartres sut trouver dans cette nouvelle distinction des jouissances plus réelles que celles de la vanité. Un cordon bleu rapportait alors mille écus, et les malheureux n'auraient pas eu lieu de s'en plaindre si tous les chevaliers du Saint-Esprit avaient employé leur traitement comme M. le duc de Chartres. Son père, qui savait que toutes les vertus se fortifient par la pratique, ordonna qu'on mît la somme toute entière à sa libre disposition. Le jeune prince, voulant procurer à sa sœur et à ses frères le plaisir de participer à une bonne œuvre, courut aussitôt porter cinquante louis à M. le duc de Montpensier, quinze à M. le comte de Beaujolais, quinze autres à sa sœur, et il partagea le reste entre les gens de sa maison et les pauvres. Madame la duchesse d'Orléans, sa mère, faisait beaucoup de bien. C'étaient là les exemples que de son côté elle donnait à ses fils, et cette tradition s'est conservée dans la famille. »

Ici le conteur s'arrêta, profitant du murmure approbateur qui couvrit ses paroles pour reprendre haleine.

« Je viens de vous raconter comment M. le duc de

Chartres avait passé et employé son enfance. Nous allons le voir sur un plus vaste théâtre.

Il avait seize ans à peine lorsque la révolution éclata. Son bon sens, son instruction exempte de préjugés, les conversations de son père lui en avaient fait comprendre les principes et la nécessité, il vit donc avec plaisir l'aurore de notre régénération. Le peuple avait le secret des sentimens du prince, il le savait ennemi des priviléges, partisan de l'égalité, aussi un jour que M. le duc de Chartres, et son frère, le duc de Montpensier, traversaient à cheval un village des environs de Paris, les paysans s'attroupèrent à la vue d'un cordon bleu, et les poursuivirent avec des menaces. « Vous avez beau fuir, criaient-ils, nous vous attrapperons bien. — Puisqu'on nous accuse de fuir, dit le prince à son frère, n'allons pas plus loin. » Ils s'arrêtèrent, et dès que les paysans l'eurent reconnu, ils se mirent à crier : *Vive le duc de Chartres ! Vive le duc d'Orléans !*

La révolution de 89 fut le réveil sublime d'un peuple réclamant à la fois et son indépendance et ses droits. Tous les hommes d'une raison supérieure, d'un esprit éclairé, saluèrent avec joie ces premiers pas d'une amélioration sociale, préparée par les leçons d'une philosophie aussi pure que courageuse. M. le duc de Chartres applaudit comme eux aux victoires de la raison, et s'associa de tous ses vœux à cette cause de l'humanité, si sainte malgré les excès qui l'ont souillée.

Dans ces premiers jours, la révolution de 89 n'eut rien à envier à celle de 1830; elle avait plus d'obstacles à détruire, plus de résistances à vaincre; elle agissait sur un peuple moins éclairé, plus facilement enivré de cette liberté nouvelle. Long-temps elle marcha à son but d'un pas ferme, sans reproche comme sans crainte; peut-être ne fût-elle jamais sortie des voies d'une sage liberté, si ses intérêts eussent été remis aux mains d'un Louis-Philippe.

N'oublions pas toutefois que pour nous il n'est encore que duc de Chartres, heureux à seize ans de voir s'ouvrir devant lui une carrière nouvelle. Les fruits de l'éducation qu'il avait reçue se développaient ainsi avec ce grand mouvement national auquel nous devons le renversement de l'ancien régime et l'ordre de choses sous lequel nous vivons.

Ami sincère de la liberté, jaloux de jouir de chacun de ses triomphes, il assistait à presque toutes les séances de l'Assemblée constituante. Là, si je ne craignais d'épuiser votre attention, je vous le montrerais enflammé d'une noble émulation, et applaudissant aux jeunes seigneurs qui brûlaient sur l'autel de la patrie les titres d'une noblesse usée; laissant paraître en toute circonstance sa sympathie pour les cœurs généreux qui cherchaient à fonder un trône constitutionnel sur l'alliance sincère du roi avec la nation. Le jeune prince assistait à la séance où l'assemblée raya de nos lois féodales l'absurde prérogative du droit d'aînesse. Il revint au Palais-Royal, et voulut lui-même annoncer à ses frères cette bonne nouvelle. Le premier qu'il rencontra fut le duc de Montpensier; il l'embrassa en pleurant, lui raconta ce qu'il venait de voir. « Je » n'ai pas besoin d'ajouter, dit-il, combien cela me » fait plaisir; mon frère sait bien que lors même » que la loi eût toujours existé, il n'y aurait pas eu » pour cela de différence entre nous : c'était une » injustice, et moi le premier je ne l'aurais pas » soufferte. »

A cette époque se formait aussi la société des Jacobins. Cette assemblée, flétrie plus tard par l'histoire sanglante de la *terreur*, se fondait sous les plus généreux auspices. Il s'agissait, pour des hommes appelés à vivre sous des lois nouvelles, d'étudier leurs droits, d'enseigner au peuple à ne jamais les séparer de ses devoirs. Enfin, de jeunes admirateurs du talent des Mirabeau, des Barnave, des Duport, des Alexandre Lameth, se préparaient à marcher un jour sur leurs traces. Tel était, en 89, le but de cette société, et c'est un éloge pour le duc de Chartres que d'en avoir alors fait partie. Il s'y fit remarquer par sa raison précoce, son patriotisme sans bornes, sa renonciation franche et entière aux préjugés que sa naissance devait lui rendre plus chers. Modeste autant qu'instruit, il y parla rarement, et s'il prit sur lui d'y provoquer une motion, ce fut pour faire un appel à l'humanité de ses collégues en faveur des pensionnaires qu'avait abandonnés la Société philantropique, dont le prince avait aussi fait partie. Comme tous les généreux partisans de la liberté, il s'associa de cœur aux principes de cette société, tant qu'elle se consacra à fonder l'indépendance nationale, et il la répudia du moment qu'elle commanda le meurtre et dressa des échafauds.

Non moins ami de la gloire de son pays, je pourrais encore vous le montrer se rendant avec joie à son poste aussitôt que l'Assemblée en eut fait un devoir aux colonels-propriétaires, et bientôt consacrant de nouveau sur les champs de bataille...
—Arrêtez, camarade, interrompit à cet endroit un grenadier, vieux soldat de nos quatorze armées républicaines, ceci me regarde, car j'étais dragon dans le régiment du duc de Chartres.

— Eh bien! à vous, répondit le sergent. Cependant le prince que j'avais servi pendant sa prospérité, je l'ai retrouvé au jour de son infortune; je réclamerai donc de nouveau la parole quand arrivera pour votre colonel l'heure d'un exil partagé par tant de patriotes. »

Ce ne fut qu'une voix pour remercier le vieux serviteur, et son nom fut associé à celui du roi-citoyen dans le toast qui précéda le récit du grenadier.

# DEUXIÈME TOAST.

## PREMIÈRES ARMES.

*Valmy. Jemmapes. Nerwinde.*

A peine l'Assemblée Constituante avait-elle décidé que les colonels-propriétaires (1) devaient tous se mettre à la tête de leurs régimens ou perdre leur

(1) Presque tous les régimens de l'armée appartenaient autrefois à des colonels qui les avaient reçus de la munificence royale, par héritage ou par achat. Ces officiers, qui n'avaient jamais été soldats et n'étaient pas toujours militaires, avaient émigré en grand nombre lorsque l'Assemblée Constituante réforma un si étrange abus.

commandement, que le duc de Chartres, qui depuis 1785 était colonel du 14$^{e}$ dragons, accepta avec joie cette nouvelle occasion de prouver son attachement à la France.

Vendôme fut la première garnison du prince; sous ses ordres, le régiment, négligé jusqu'alors, prit bientôt, par ses soins et son activité, une nouvelle attitude: c'est que le duc de Chartres n'entendait pas le service comme ces colonels à talons rouges dont le mérite ne savait briller que dans le boudoir d'une femme, ou tout au plus à la parade. Jusque-là nous n'avions jamais vu nos officiers nous montrer l'exemple. A peine arrivé, le prince veut assister à tous les exercices; il sait combien la présence du chef excite l'émulation, stimule la négligence. Loin d'imiter ces nobles qui, naguère, dédaignaient de se mêler aux soldats, de causer avec eux, le duc de Chartres était souvent au milieu de nous : les réprimandes que l'on recevait directement de sa bouche avaient plus de force, les éloges plus de prix. En toute occasion il se montrait l'ami du soldat, écoutait toutes les réclamations avec bonté, et la noble familiarité avec laquelle il répondait aux demandes qui lui étaient adressées acheva de lui gagner en peu de jours tous les cœurs. Grâce à l'amour de son régiment, qu'il sut si bien conquérir, il put sans efforts rétablir et faire observer la plus exacte discipline; on lui obéit avec plaisir, parce qu'il commandait toujours avec douceur.

Cette heureuse influence s'étendait à toute la garnison; car s'il était le moins âgé, notre colonel, par la date de son brevet, se trouvait le plus ancien des officiers supérieurs en garnison à Vendôme. En même temps qu'il se faisait pardonner son âge par le soldat, les vieux officiers trouvaient en lui une intelligence, une exactitude qui laissaient quelquefois en arrière leur vieille expérience.

Presque toujours, et quelque temps qu'il fît, il était le matin aux écuries avant même le lieutenant que son devoir y appelait; il en était de même pour tous les autres exercices. Le lieutenant-colonel crut devoir l'avertir un jour que cela pourrait lui nuire dans l'esprit des dragons, qui, le voyant trop souvent, perdraient ainsi par l'habitude une partie du respect qu'ils devaient avoir pour leur colonel. « Je ne pense pas, répondit le prince, que je puisse rien perdre dans l'esprit de mes soldats, et avoir moins de droits à leur considération parce que je leur donne l'exemple de l'exactitude et que je me soumets le premier à la discipline. » Et il avait raison. Notre attachement pour lui donnait un éloquent démenti aux absurdes maximes dont on s'était servi pour consacrer les abus introduits dans les armées françaises.

Le duc de Chartres n'était pas moins aimé des habitans de la ville que des soldats de son régiment. Les habitans voyaient, comme nous, avec plaisir un prince du sang pratiquer parmi eux le grand principe de l'égalité, s'associer aux travaux de leur société constitutionnelle. Cette sage conduite, le patriotisme du colonel, l'affabilité qu'il mettait dans toutes ses relations, lui avaient acquis dans la ville plus d'influence que sa naissance ne lui en eût donné quelques années auparavant.

Ainsi, un jour de Saint-Sacrement, la foule, assemblée devant une auberge de la ville, demandait qu'on lui livrât pour les mettre à mort deux prêtres réfractaires, que l'on accusait d'avoir insulté à la procession du matin le vicaire assermenté qui portait le Saint-Sacrement. Le maire, les magistrats, faisaient d'impuissans efforts pour calmer cette multitude irritée. Le duc de Chartres se rendit sur les lieux, fit entendre un langage d'humanité et de raison. Le peuple l'écouta, et promit que, puisqu'ils étaient sous la protection de M. le duc de Chartres, il ne serait rien fait aux deux prêtres. Le prince donna lui-même le bras au plus âgé pour les conduire à la maison de ville. A peine avaient-ils fait quelques pas que des furieux voulurent les arrêter et se porter à de nouvelles violences; un homme armé d'un fusil coucha même en joue l'un des deux ecclésiastiques. Le colonel n'hésita pas à se placer devant lui au risque de sa vie. Cet acte de courage ramena la multitude, rappela au peuple sa promesse, et le duc de Chartres eut ainsi le bonheur de sauver les jours de deux malheureux qui sans lui allaient être massacrés.

Le lendemain il vit arriver chez lui un homme portant un panier de fruits. « Pour qui ces fruits? demanda le prince. — Ce sont, reprit le paysan, les plus beaux de mon jardin, et je les ai cueillis pour vous les offrir par reconnaissance. — A moi!

qu'ai-je fait pour vous ? — Je suis un de ceux qui voulaient hier tuer le prêtre que vous avez sauvé. Ma foi ! que voulez-vous, j'étais hors de moi, j'avais soif de sang ; aujourd'hui que je suis calme, je viens vous remercier de m'avoir épargné un crime. »

Que de gens, dans les tempêtes révolutionnaires, cèdent ainsi à un premier moment d'effervescence, qui le lendemain se repentent d'avoir pris part à des excès désavoués alors par leur raison !

A quelque temps de là, il venait de se baigner dans le Loir, lorsqu'il aperçut un homme entraîné par le courant et prêt à se noyer. Sans perdre un instant il se jette de nouveau à la nage, et il est assez heureux pour sauver la vie à ce malheureux, père de cinq enfans. Toute la famille vint le lendemain remercier le colonel, qu'elle appelait un second père. C'est là, j'en suis sûr, un des plus doux momens de la vie de Louis-Philippe. La municipalité de Vendôme décerna à l'auteur de cette belle action une couronne civique : celle-là a échappé à une révolution qui en a brisé tant d'autres. En 1814, un homme de lettres en a fait hommage à la duchesse d'Orléans, qui la montre à ses fils comme un des souvenirs les plus touchans de la vie de leur père.

Cependant la guerre allait bientôt ouvrir au prince une carrière plus vaste. Les émigrés n'avaient pas en vain parcouru toutes les cours de l'Europe cherchant des ennemis à la révolution française. Une coalition avait été conclue à Pilnitz entre le roi de Prusse et l'empereur d'Autriche : les deux frères du roi de France y avaient pris part. Le ministre anglais Pitt et Catherine II avaient promis des secours. Ainsi appuyée par des forces redoutables, l'émigration était devenue menaçante ; déjà la crainte d'une contre-révolution et de réactions terribles ajoutait aux troubles qui agitaient la France à l'intérieur. Le parti de la révolution accusait hautement Louis XVI d'être d'accord avec ses frères, ou du moins de fonder sur les armées de la coalition de criminelles espérances. Les amis de l'indépendance nationale insistèrent alors plus vivement pour faire déclarer la guerre ; et il n'est pas indigne de remarque que, par un tout autre motif, les courtisans à talons rouges appelaient aussi la guerre étrangère, dans l'espoir que la France serait asservie, et que le pouvoir absolu serait rétabli avec tous ses abus. »

— Permettez, camarade, dit au narrateur le capitaine du poste, que j'ajoute, pour appuyer vos observations, un fait curieux et peu connu :

« Lorsqu'à l'approche des hostilités, Dumouriez prit le commandement de l'armée, le portefeuille de la guerre avait passé provisoirement dans les mains de M. de Graves. Ce ministre crut devoir, sur la question de la guerre, consulter une dernière fois la reine Marie-Antoinette, sœur de l'empereur d'Autriche; n'ayant pu la voir, il lui fit remettre un billet que la reine lui renvoya aussitôt avec ce mot écrit de sa main et au crayon : *La guerre!* Dès ce moment les incertitudes du ministre cessèrent. »

— En effet, reprit le grenadier, le 20 avril 1792 Louis XVI se rendit au sein de l'Assemblée législative pour y déclarer la guerre à François I^er^, roi de Bohême et de Hongrie; car la France ne le reconnaissait pas comme empereur d'Autriche.

Il y avait de l'audace à provoquer ainsi l'Europe entière; il y en avait à commencer nous-mêmes une guerre que nous ne paraissions nullement en état de soutenir. En effet, qu'avions-nous à opposer à la coalition? des soldats improvisés, la plupart sans vêtemens et sans armes. Ce n'étaient pas ces armées qu'on a vues depuis faire l'admiration et la terreur de l'Europe. Nous manquions de tout : le courage et l'enthousiasme y suppléèrent.

Des généraux! le champ de bataille devait les faire éclore, car les anciens ne comprenaient pas la mission qu'ils allaient être appelés à accomplir. Nous en avions bien qui s'étaient distingués en Amérique; mais cette guerre lointaine, à peine connue de nous, était peu propre à inspirer cette confiance nécessaire entre les soldats et leur chef. Quelques-uns même hésitaient, d'après la marche que suivait l'Assemblée, à se charger du commandement d'une armée. Ainsi Rochambeau, qui pourtant avait combattu avec Lafayette pour l'indépendance américaine, nommé général en chef de l'armée du Nord, avait pris la ferme résolution de refuser ce poste. Il se rendit à l'Assemblée pour déclarer son refus. On connaissait ses desseins, on ne voulait pas de sa démission, aussi à peine ouvrit-il la bouche que sa voix fut couverte par des applaudissemens calculés à l'avance, qu'il fut obligé de recevoir comme des remerciemens dus à un patriotisme qu'il était loin d'avoir. En vain essaya-t-il de protester, on lui extorqua par des bravos un serment que l'on savait être loin de son cœur.

Je n'ai pas cru devoir passer sous silence tous ces détails pour vous faire mieux apprécier la position de M. le duc de Chartres, et le courage qu'elle exigeait dans un jeune prince que toutes les factions, tous les dangers semblaient circonvenir et menacer plus que personne. Il n'hésita pourtant pas un seul instant dans ses premières résolutions, et ce fut avec joie qu'il apprit que nous allions enfin marcher à l'ennemi.

De Vendôme nous passâmes à Valenciennes. Dumouriez y était. Ce fut là que notre colonel le vit pour la première fois. Le duc de Biron, ami du duc d'Orléans, et notre général en chef, présenta à Dumouriez le jeune prince, comme le modèle des officiers de son armée. Quelques jours plus tard il eût pu le citer aussi parmi les plus braves.

En effet, jaloux de commencer les hostilités, nous entrâmes en Belgique, nous eûmes quelques avantages à Quiévrain, mais une alarme nocturne, assez facile à expliquer dans une armée si novice, si peu aguerrie, nous fit perdre une partie de ces premiers succès. Par sa fermeté le prince contribua puissamment à rallier l'armée, qui ne parlait de rien moins que de se retirer jusqu'à Valenciennes.

Le 7 mai 1792, notre colonel fut nommé par droit d'ancienneté maréchal-de-camp le même jour que Berthier depuis duc de Wagram, et en cette qualité il rejoignit, avec son corps, l'armée du nord commandée par le général Luckner; nous marchâmes sur Courtray, où nous eûmes à soutenir un combat meurtrier. Lukner était un vieux général, qui chargeait intrépidement, s'exposant à tout le feu des ennemis. Quelques officiers l'engagèrent à se retirer un peu de côté. « C'est inutile, mes amis, leur répondit-il, les balles respectent les braves. » Courtray fut pris, et abandonné quelque temps après par suite du changement de ministère.

Une circonstance qui ajoutait à nos embarras, c'est que nous changions de généraux à chaque instant. Nous avions déjà vu à notre tête Biron, Rochambeau, Lukner, Lafayette, car il y a long-temps que Louis-Philippe et lui défendent la liberté sous les mêmes drapeaux. A Metz, nous nous trouvâmes sous les ordres du général Kellermann.

Lorsque le duc de Chartres, qu'on appelait le général Philippe, se rendit à son quartier-général : « Corbleu ! dit Kellermann, je n'ai pas encore vu d'officier-général aussi jeune. Comment diable avez-vous donc fait pour être déjà général? — C'est que je suis le fils de celui qui vous a fait colonel.—Ah ! je suis enchanté, répondit le vieux général, de vous avoir sous mes ordres. »

Après l'expédition sur Courtray, le duc de Chartres fut élevé au grade de lieutenant-général, et on lui offrit le commandement de Strasbourg. « Je suis trop jeune, avait-il dit, pour m'enfermer dans une place forte, et je demande à rester dans l'armée active. » Cette réponse lui était dictée par l'approche de nouveaux dangers.

En effet le duc de Brunswick, au nom de la Prusse et de l'Autriche, avait aussi fait sa déclaration de guerre, non pas à Louis XVI, mais à la France : il avait lancé son fameux manifeste. La postérité a fait justice de ce misérable *factum*, digne plutôt d'un Vandale que d'un capitaine qui connaît les droits de la guerre et qui s'adresse à une nation civilisée et brave. Il ne s'agissait de rien moins en effet que *de punir comme rebelle tout garde national qui aurait combattu contre les deux cours coalisées, et qui serait pris les armes à la main... Les habitans qui oseraient se défendre devaient être livrés sur-le-champ à toute la rigueur des tribunaux militaires... En cas d'attaque contre le château des Tuileries, de la part de quelques factieux, Paris devait être livré à une exécution, à une subversion totale, et les rebelles aux supplices.*

Voilà ce que nous préparaient les rois qui se disaient les amis, les défenseurs du trône, et ce langage était soutenu par les princes émigrés, par de prétendus Français, armés contre leur patrie. C'était là leur style, et ils fondaient sur de telles promesses toutes leurs espérances.

« Il n'a fallu, disaient-ils, que quelques semaines pour réduire le Brabant, il ne faudra que deux mois pour renverser la révolution de France. Des cravaches, des fouets de poste, suffiront pour chasser ces manans qui ont pris des épaulettes et des épées! (1) » Un coup de botte devait suffire pour faire rouler dans la boue et la déclaration des droits de l'homme et la constitution. Aussi quand nos seigneurs les émigrés apprenaient qu'un nouveau décret avait été rendu contre eux, ils en appelaient gaiement à la botte du général Bender. Après le rétablissement de leur bienheureuse puissance, ils se promettaient *de pendre tous ceux qui avaient prêté serment à la constitution, de rouer ceux qui avaient assisté à la fameuse séance du Jeu de paume.* « Point d'indulgence, point de pardon, disaient-ils; c'est ainsi qu'il faut gouverner. »

On dit même que des flatteurs de Louis XVIII, parodiant le plan présenté par Potemkim à Catherine II pour aller à Constantinople, avaient tracé de Coblentz à Paris une route où chaque relai était marqué par un poteau surmonté de la tête d'un des membres les plus influens de l'Assemblée constituante. Le premier relai était destiné à Bailly, qui avait présidé la fameuse séance du Jeu de paume.

(1) Depuis j'en ai entendu dire autant à un garde-du-corps de Charles X. (*Note de l'Éditeur.*)

Dénoncés à la France, le manifeste de Brunswick et le langage des émigrés ne firent que doubler le courage de ceux que l'on avait la ridicule prétention d'effrayer; ils donnèrent à ceux qui eussent hésité peut-être la force de l'indignation et du désespoir; ils assurèrent la perte du malheureux Louis XVI en déshonorant sa cause; ils inspirèrent à notre jeune armée cette résolution qui alla jusqu'à l'enthousiasme.

Cependant le territoire français était envahi. Une armée combinée de Prussiens, d'Autrichiens, de Hessois, etc., marchait sur Paris, sous les ordres du duc de Brunswick. Le roi de Prusse y était en personne avec un grand nombre de princes, parmi lesquels se faisaient remarquer les deux frères de Louis XVI, *Louis XVIII* et *Charles X*. L'armée de Dumouriez ne comptait que trente-trois mille hommes dans ses rangs, et celle de Kellermann n'en comptait que vingt-sept mille. Mais la proclamation du danger de la patrie avait fait partir de toutes parts des bataillons de volontaires et des fédérés, qui, s'animant par le chant de *la Marseillaise* arrivaient à marches forcées pour s'opposer aux progrès de l'armée étrangère qui pénétrait en France. En trois jours la seule ville de Paris avait mis sur pied, armé, équipé et envoyé à l'armée, quarante-huit bataillons d'infanterie, formant trente-deux mille hommes effectifs. Cependant ces troupes, plus ardentes qu'aguerries et disciplinées, étaient presque toutes retenues à Châlons-sur-Marne par des ordres que dictait la crainte qu'elles ne devinssent nuisibles au bon ordre des armées agissantes. Luckner, décoré du vain titre de généralissime, était chargé du commandement de cette grande réserve, qui paraissait plutôt devoir en inspirer à l'ennemi par sa masse qu'à le combattre réellement.

Aussitôt que le général Dumouriez avait pris le commandement de l'armée campée près de Sédan, il s'était porté sur l'Argonne, dont les défilés lui paraissaient la ligne de défense la plus efficace pour arrêter la marche rapide de l'armée ennemie. Ce fut en y prenant position à Grandpré qu'il apprit la perte de Verdun, et qu'il écrivit au Conseil exécutif cette lettre remarquable que les événemens postérieurs ont rendue si glorieuse : *Verdun est pris, et j'attends les Prussiens. Le camp de Grandpré et ce-*

*lui des Islettes sont les Thermopyles de la France, mais je serai plus heureux que Léonidas.*

Il le fut en effet, mais différentes causes ébranlaient la confiance que méritait le plan de défense qu'il avait conçu, et, pour le soutenir, il fut obligé de lutter constamment avec le Conseil exécutif et avec plusieurs de ses généraux qui considéraient la Marne comme la véritable ligne de défense, et qui s'efforçaient de lui faire prendre cette timide attitude. En sorte qu'au lieu de presser la jonction de l'armée de Kellermann avec la sienne, le Conseil exécutif engageait Kellermann à rester sur la Haute-Marne, tantôt à Saint-Dizier, et tantôt à Vitry-le-Français. Il est probable qu'on espérait par cette inaction amener Dumouriez à adopter le système qu'on préférait à Paris, et à se replier derrière la Marne; mais il resta seul et inébranlable dans ses camps de Grandpré et des Islettes, jusqu'à ce que son aile gauche eût été battue et enfoncée à la Croix-aux-Bois, le 14 septembre. Ce succès ouvrait au duc de Brunswick un débouché dans les plaines de la Champagne, où il se jeta aussitôt avec la plus grande partie de ses forces. Dumouriez fut obligé d'abandonner Grandpré, mais il conserva les Islettes et la Chalade, et il se replia sur Sainte-Menehould, en prenant ces deux postes importans pour pivot, et faisant un grand quart de conversion en arrière. En opérant ce mouvement rétrograde dans la journée du 16 septembre, une terreur panique se répandit dans l'armée; la cavalerie passa au galop sur l'infanterie, tous les corps se mêlèrent, et le désordre devint général; mais les ennemis ne s'en aperçurent point : le chaos fut débrouillé avant qu'ils en eussent connaissance, et l'armée occupa en bon ordre le camp de Sainte-Menehould. Par cette nouvelle position, Dumouriez restait maître de la grande route de Verdun à Châlons, et forçait les Prussiens à établir leurs communications par des chemins et dans un pays que la mauvaise saison commençait à rendre impraticables.

Ce fut dans cette position que Dumouriez pressa de nouveau Kellermann de se joindre à lui, et que celui-ci s'y décida enfin. L'armée de Kellermann prit donc position sur la gauche de celle de Dumouriez, le 19 septembre au soir. Elle campa sur deux lignes, la première sous les ordres du lieutenant-général Valence, la seconde sous ceux du lieutenant-général duc de Chartres. L'avant-garde de Kellermann, commandée par le général Desprez de Crassier, prit poste à Hans, ayant derrière elle à Valmy le général Stengel, avec un corps de troupes légères de l'armée de Dumouriez. Gisancourt fut occupé par le colonel Tolozan avec le premier régiment de dragons.

Cependant l'armée prussienne, défilant par Grand-pré et la Croix-aux-Bois, s'avançait dans les plaines de la Champagne, et pénétrait jusqu'à la route de Châlons, en sorte qu'elle s'interposait entre l'armée française et Paris.

Le 20 septembre, avant le jour, les hussards prussiens de Kœlher surprirent le 1er régiment de dragons dans Gisancourt, qui, comme je l'ai déjà dit, était derrière le camp de Kellermann. Le colonel Molozan n'eut que le temps de faire monter son régiment à cheval et de sortir du village, où il perdit tous ses équipages. Heureusement les hussards prussiens n'avaient point d'infanterie avec eux, en sorte qu'ils n'osèrent pas rester à Gisancourt, et que ce poste important ayant été peu après repris par les troupes françaises ne leur fut plus enlevé. Vers six heures et demie du matin on entendit une forte canonade du côté de Hans, où était l'avant-garde, et l'on battit la générale au camp. Desprez de Crassier fit avertir Kellermann qu'étant attaqué par des forces considérables il allait se replier : il ajoutait que le brouillard épais de cette matinée ne lui permettait pas de bien reconnaître le corps qui l'attaquait, mais qu'il croyait que c'était toute l'armée prussienne qui s'avancait en masse. Desprez de Crassier suivit de près cet avis, et revint au camp avec toute l'avant-garde. Kellermann le dirigea aussitôt sur Gisancourt, afin d'assurer la conservation de ce poste important. En même temps il plaça sa première ligne, sous les ordres du général Valence, devant Orbeval, entre la rivière d'Anve et la colline de Valmy, perpendiculairement à la chaussée de Châlons. La seconde ligne, commandée par le duc de Chartres, fut placée parallèlement à la chaussée, et perpendiculairement à la première, sur la crète de la colline de Valmy, en sorte que les deux lignes formaient un équerre. Ce poste était le plus important de la bataille. Une forte batterie d'artillerie de position fut établie au moulin de Valmy, qui était le point le plus élevé de ces coteaux. Quelle qu'ait été la promptitude du duc de Chartres à se mettre en mouvement, la nécessité de défendre le camp et de charger les chevaux de bât (1) lui avait

(1) Sur les douze bataillons qui composaient l'infanterie de la division commandée par le duc de Chartres, il n'y en avait qu'un seul de volontaires nationaux, qui était le 1er bataillon de Saône-et-Loire. Ce bataillon était animé d'un si bon esprit, et d'une telle émulation avec les troupes de ligne, que les soldats commandés pour la garde des équipages refusèrent de faire ce service, et que le commandant n'en trouva point qui voulussent les remplacer. Lorsqu'on en rendit compte au duc de Chartres, devant le front du bataillon, un soldat sortit des rangs et lui dit, au nom de ses camarades : « Mon général, nous sommes ici pour défendre la patrie, » et nous vous demandons de ne pas exiger qu'aucun de nous quitte » le drapeau de notre bataillon pour aller garder des équipages. » — « Eh bien! mon camarade, lui répondit le duc de Chartres, je » ne l'exigerai point, vos équipages se garderont tout seuls aujourd'hui, et votre bataillon marchera tout entier avec nos camarades » de la ligne, auxquels vous montrerez que vous êtes aussi bien » qu'eux des soldats français. » On l'en remercia par les cris de *vive le général Philippe*. C'était ainsi que l'appelaient les soldats. L'ardeur des troupes était même si grande ce jour-là que tous les cavaliers, carabiniers et dragons, dont les chevaux étaient tués ou

fait perdre tant de temps, qu'il était près de huit heures lorsqu'il arriva au moulin de Valmy avec la tête de son infanterie. « Arrivez donc, arrivez donc, » lui dit le général Stengel, car je ne puis pas quitter le poste où je suis sans y être relevé, et pour» tant si je ne devance pas les Prussiens là-dessus, » ajouta-t-il en montrant la côte de l'Hyron, nous » serons écrasés ici tout-à-l'heure. » En même temps, après avoir ordonné à son infanterie de le suivre comme elle pourrait, il partit au grand trot avec quelques escadrons de troupes légères qu'il avait sous ses ordres, et les deux compagnies d'artillerie à cheval des capitaines Barrois et Anique, traversa rapidement le village de Valmy et le vallon qui le séparait de la côte de l'Hyron, et y arriva au moment où une colonne prussienne s'avançait pour l'occuper; mais il repoussa cette colonne, et défendit l'Hyron pendant toute la journée avec la plus grande vigueur.

Le général Dumouriez, voyant que l'attaque se

blessés, couraient aussitôt, la carabine sur l'épaule, se placer dans les rangs de l'infanterie. (*Note de l'Éditeur.*)

dirigeait sur l'armée de Kellermann, vint trouver son collègue, et l'instruisit lui-même des dispositions qu'il avait faites pour le contenir : il avait partagé son armée en trois corps, qu'il avait mis en mouvement sur-le-champ, sans compter la réserve qu'il avait laissée dans le camp de Sainte-Menehould, et le corps du général Arthur Dillon, qui occupait les Islettes. Le corps de gauche, fort de neuf bataillons et de huit escadrons, sous les ordres du général Chazot, se porta, par la chaussée de Châlons, sur les hauteurs de Dampierre-sur-Aube et de Gisancourt, pour soutenir le général Desprez de Crassier et la gauche du général Valence. Celui du centre, de seize bataillons, sous les ordres du général Beurnonville, fut dirigé sur la côte de l'Hyron, pour soutenir le général Stengel; et celui de droite, de douze bataillons et de huit escadrons, sous les ordres du général Leveneur, fut chargé de s'étendre sur la droite de Beurnonville, afin de tâcher d'entamer l'arrière-garde des Prussiens, et de tomber sur leurs équipages.

La canonnade, qui avait déjà commencé au moulin de Valmy avant que le duc de Chartres y eût relevé le général Stengel, devint très-vive vers dix heures (1). Les Prussiens établirent contre le moulin deux batteries principales, qu'ils renforcèrent ensuite successivement. L'une d'elle était sur le prolongement de la colline du moulin, et l'autre sur la colline en face, du côté de la chaussée, devant la cense dite de la Lune, que cette journée a rendue célèbre, et où le roi de Prusse fixa le lendemain son quartier-général. Ces batteries firent perdre beaucoup de monde à l'armée française, mais cette perte n'ébranla point la fermeté des troupes, et il n'y eut qu'un instant de désordre dans deux bataillons de la division commandée par le duc de Chartres (2), entre lesquels un obus fit sauter deux caissons pleins de cartouches. Cette explosion les dispersa momen-

(1) Ce fut alors que le cheval monté par le général Kellermann fut blessé, et que le général Sénarmont, de l'artillerie, eut la cuisse froissée par un boulet, ce qui l'obligea de quitter le champ de bataille. Le colonel Lormier (des grenadiers volontaires) fut tué un peu plus tard. (*Note de l'Éditeur.*)

(2) Ces deux bataillons étaient les anciens régimens allemands, au service de France, de Salm-Salm, et de Nassau (le 94e et le 96e), commandés par les colonels Barthenbourg et Rewbell.

tanément, mais le jeune prince, malgré le feu a quel il était exposé, arrêta et répara aussitôt le d sordre, avec un sang-froid et un courage qui ne s démentirent pas un instant (1).

Vers onze heures, le brouillard s'étant entièr ment dissipé, on découvrit l'armée ennemie q s'avançait dans le plus grand ordre, sur plusieur colonnes, et qui se déploya avec autant de précisio qu'elle aurait pu le faire sur une esplanade, dans l grande plaine qui s'étend de Somme-Bionne, vers l Chapelle-sur-Auve. L'œil pouvait alors embrasse plus de cent mille hommes prêts à se livrer bataille et ce spectacle était d'autant plus imposant qu'o

(1) Le duc de Chartres et le duc de Montpensier, son frère, s conduisirent dans cette bataille de manière à mériter ce rappor particulier :

Du quartier-général de Dampierre-sur-Aube, l
21 septembre 1792, à neuf heures du soir.

« Embarrassé du choix, je ne citerai, parmi ceux qui ont montré un grand courage, que M. de Chartres et son aide-de-camp M. de Montpensier, dont l'extrême jeunesse rend le sang-froid, à l'un des feux les plus vigoureux qu'on puisse voir, extrêmement remarquable. » (Extrait du *Moniteur*.)

n'était pas habitué encore à voir des armées aussi nombreuses que celles que l'on a vues depuis, et qu'à cette époque il y avait trente ans que l'Europe n'avait mis sur pied une aussi grande réunion de combattans.

Le déploiement de l'armée prussienne fut très-lent, et ce ne fut que vers deux heures, quelque temps après qu'il eut été complétement achevé, qu'on la vit se rompre en colonnes d'attaque. Il semblait alors qu'elle allait engager le combat, et des cris de : *Vive la nation! vive la France!* se firent entendre aussitôt dans tous les rangs de l'armée française; mais soit que la belle contenance des troupes ait fait pressentir au duc de Brunswick qu'il éprouverait plus de résistance qu'il ne l'avait calculé d'abord, soit, ce qui est assez probable, qu'il ait voulu attendre le corps autrichien du général Clerfait, qui n'arriva que dans la nuit, les colonnes prussiennes se formèrent et se déployèrent trois fois successivement, sans jamais se décider à l'attaque : le combat se réduisit à une simple canonnade qui dura toute la journée, et qui ne cessa que lorsque l'obscurité de la nuit eut rendu impossible de la continuer davantage. Les officiers d'artillerie évaluèrent le nombre de coups de canon tirés par les deux armées à plus de quarante mille; et les munitions du parc d'artillerie de l'armée de Kellermann furent presque épuisées.

Tel fut le premier succès des armées françaises dans cette longue guerre, où elles cueillirent ensuite tant de lauriers. Considéré en lui-même, on peut n'y voir qu'une canonnade où chacune des armées belligérantes se maintint dans sa position; mais l'armée prussienne manqua son but, tandis que l'armée française atteignit le sien; et lorsqu'on raisonne sous le point de vue stratégique, lorsqu'on considère l'époque, les circonstances, l'effet moral et politique de cette canonnade, les conséquences qu'elle a entraînées, on doit reconnaître qu'elle a bien mérité d'être considérée comme une bataille et comme une victoire. En effet, ce fut dans cette glorieuse journée que les armées étrangères commencèrent à éprouver combien la résistance d'une grande nation, qui défend son indépendance et sa liberté, peut devenir formidable. Les résultats de cette victoire furent immenses, car ils décidèrent le roi de Prusse et le duc de Brunswick à demander immédiatement un armistice aux généraux français. Cet armistice fut bientôt suivi de l'évacuation totale de notre territoire, et de l'abandon d'une entreprise dans laquelle ils s'étaient si imprudemment engagés.

Ainsi tombèrent les vaines bravades de ces hommes qui s'étaient déjà partagé la France. La victoire de Valmy, qui anéantissait leurs prétentions, les foudroya d'autant plus qu'ils étaient loin de s'y attendre. La suffisance des étrangers était même telle que le lendemain de la bataille, un officier, venant de Berlin en parlementaire, et qui ignorait ce qui s'était passé la veille, dit au duc de Chartres, sans le connaître, qu'il avait des lettres de recommandation pour tous les châteaux sur la route de Paris. Il y comptait chasser et passer joyeuse vie, toutefois sans trop se retarder, car il voulait arriver à Paris à temps pour voir pendre M. de Lafayette. « Ce que vous avez de mieux à faire, lui répondit le prince, c'est de retourner à Berlin, où je souhaite que vous ne voyiez pendre personne; » et il lui apprit l'événement de la veille. L'officier en doutait ; le général se nomma. Il fut cru alors sur parole, et l'officier s'empressa de reprendre la route de Berlin.

L'émigration se montra aussi plus sensible à l'échec que cette victoire faisait éprouver à son orgueil qu'aux pertes de ses alliés. Dans le but de rabaisser la victoire des Français, elle chercha à faire soupçonner la coalition d'avoir honteusement abandonné ses premiers desseins. On m'a raconté que lorsqu'il se rendait à Reims pour son sacre, Charles X, passant en Champagne, dit au duc d'Orléans : « Nous » nous sommes vus autrefois dans ces mêmes plai- » nes ? — Oui, sire, mais ce n'était pas sous les » mêmes drapeaux. — Je n'ai jamais bien su, ajouta » le roi, si Brunswick avait ou non reçu de l'argent » ou des ordres pour se retirer. — Sire, répondit le » duc, le courage de l'armée française a tout fait, » et je ne suis pas surpris qu'après la bataille de » Valmy le duc de Brunswick n'ait pas été d'hu- » meur à marcher sur Paris. »

Un concert d'éloges unanimes fut accordé au courage du général *Philippe* et un double toast fut porté en mémoire de sa première bataille comme à l'espoir des nouveaux lauriers dont nos soldats citoyens trouvaient l'augure dans ceux de Valmy.

— Avant de continuer votre récit, permettez-moi, camarade, dit le capitaine du poste, de raconter un fait qui prouverait que les alliés n'avaient peut-être à cette époque, sur les affaires de France, ni une idée bien nette ni une détermination bien arrêtée.

« Nous étions au quartier-général de Kellermann. Le colonel Manstein, aide-de-camp du roi de Prusse, fit demander à Kellermann la faveur de se présenter à son quartier-général sous le patronage du baron de Leymann, qui, ayant pris du service en France dans les hussards, avait dû son avancement au duc d'Orléans. Kellermann y consentit. Aussitôt le baron fait demander le duc de Chartres : « Voulez-vous, lui dit-il, vous charger d'une lettre pour le prince votre père? — Très-volontiers, répondit le duc, si elle ne contient que des témoignages de votre attachement pour lui.. — Ah! si elle ne renfermait que cela, ce ne serait pas assez... Il dépend peut-être du duc d'Orléans d'arrêter les fléaux de la guerre. Je connais les intentions des souverains alliés; je sais que ce qu'ils désirent avant tout, c'est de préserver la France de l'anarchie; et comme on a pensé que je vous verrais ici, j'ai été autorisé à faire savoir au prince votre père que l'on se rassurerait si on le voyait à la tête du gouvernement. — Bah! dit le prince avec ironie, comment avez-vous pu croire que mon père ou moi nous écouterions de pareilles sornettes? » Le baron insista; mais quand il vit que la résolution du duc de Chartres était inébranlable, il se borna à le prier de faire parvenir à son père une simple lettre de respect et d'attachement. Le duc d'Orléans la reçut sans l'ouvrir, et la Convention, sur le bureau de laquelle elle fut déposée, la fit aussi brûler sans en avoir même pris lecture. »

Cette anecdote remarquable devint le sujet de quelques réflexions que le grenadier interrompit en reprenant son récit :

« Après la bataille de Valmy, le duc de Chartres fut appelé au commandement en second des troupes de nouvelle levée que le général Labourdonnaye était chargé de réunir à Douai. Il refusa, prévoyant que la campagne n'était pas terminée. Il ne put cependant rester dans l'armée de Kellermann, où il avait déjà été remplacé, mais on lui proposa de passer dans celle du général Dumouriez qui allait marcher sur la Flandre et entrer en Belgique. C'était lui accorder plus qu'il n'avait demandé, il accepta avec joie.

L'armée des Autrichiens, forte de vingt-deux mille hommes de vieilles troupes bien disciplinées, était commandée par Clerfait, sous les ordres du duc Albert de Saxe-Teschen, gouverneur des Pays-Bas. L'armée française, venue de la Champagne à grandes journées sous les ordres du général Dumouriez, se composait de quarante-huit bataillons d'infanterie, dont environ le tiers était d'anciennes troupes de ligne, et les autres des volontaires nationaux de nouvelle levée. Il n'y avait d'autre cavalerie dans cette armée que des hussards, des chasseurs à cheval qui formaient l'avant-garde avec quelques bataillons d'infanterie légère sous les ordres des généraux Beurnonville et Dampierre; plus, deux petits corps de flanqueurs de droite et de gauche commandés par les généraux Stengel et Henri de Frégeville. Le général Dumouriez partagea son corps d'armée en deux ailes de vingt-quatre bataillons chacun. La droite était sous les ordres du duc de Chartres, qui la commandait comme lieutenant-général, ayant sous lui les maréchaux de-camp Desforêts, Drouet et Stetenoff. La gauche devait être sous les ordres du lieutenant-général Miranda, et des maréchaux-de-camp Ferrand, Blottesière et Berneron; mais le général Miranda n'étant pas encore revenu de Paris, le commandement de l'aile gauche fut dévolu au général Ferrand qui était le plus ancien. Ces différens corps formaient un total d'environ vingt-sept mille hommes, non compris la division du lieutenant-général d'Harville, campée sous Maubeuge et forte de six mille hommes, mais qui n'arriva qu'après le gain de la bataille.

Un petit combat, peut-être imprudemment engagé le 2 novembre 1792, près le village de Thulin, décida Dumouriez à renforcer son avant-garde d'une partie de la division du duc de Chartres, qui, opérant sur la droite, attaqua l'ennemi le 3, emporta le moulin de Boussu avec la batterie qui le défendait, tandis que les généraux Beurnonville, Dampierre, Stengel et Frégeville délogeaient les Autrichiens de poste en poste, et les repoussaient jusqu'à Saint-Ghislain. Le 4, le général Dumouriez, pour profiter de ces avantages, mit toute son armée en mouvement; le 5, elle bivouaqua en face du camp des Autrichiens qui s'étaient retranchés derrière les hauteurs de Jemmapes. Le 6 novembre au matin, Dumouriez fit avancer douze pièces de seize, douze de douze, et douze obusiers sous les ordres du colonel d'artillerie Lafayette, et les plaça en batterie sur le front de sa ligne, en même temps que son aile gauche attaquait le village de Quarégnon, vivement défendu par les Autrichiens. L'avant-garde française fit alors un mouvement pour se mettre en ligne avec le reste de l'armée, de sorte qu'elle en devint l'aile droite, et que l'aile droite, commandée par le duc de Chartres, en devint le centre. La position des Autrichiens était formidable; leur droite, appuyée au village de Jemmapes, formait une équerre avec leur front, et leur gauche se prolongeait sur la hauteur jusqu'à l'endroit où le terrain commence à baisser vers Berthaimont. Ils occupaient une colline garnie de redoutes et de batteries, et dont le front était en outre couvert par des bois dans lesquels ils avaient fait quelques abattis.

Dumouriez avait fixé l'heure de l'attaque à midi, afin de donner à la division du général d'Harville le temps d'arriver. Mais, après une canonnade de trois heures, voyant que le régiment autrichien de dragons de Cobourg descendait au grand trot et paraissait se diriger sur notre artillerie, il résolut de ne pas attendre le général d'Harville, et donna l'ordre à toute l'armée d'attaquer immédiatement. Aussitôt le duc de Chartres, qui commandait le centre, rompit la division en colonnes de bataillons et marcha sur le bois de Flénu qui couvrait le centre des Autrichiens. Il mit six de ses bataillons en réserve, et avec les dix-huit autres il culbuta l'infanterie légère autrichienne qui défendait les abattis, traversa le bois et arriva sur le plateau. Mais l'infanterie légère autrichienne, soutenue par l'artillerie des redoutes qui tirait à mitraille, fit un tel ravage dans la tête des colonnes qu'il devint impossible de les faire déboucher, elles rentrèrent dans le bois et le traversèrent rapidement dans le plus grand désordre. C'est là que furent frappés le colonel Dubouzet du 104e régiment de ligne, qui fut tué sur la place; le général Drouet, qui eut les deux jambes emportées, et mourut deux heures après; les colonels Dupont de Chaumont et Gustave de Montjoye, adjudans-généraux, qui reçurent des coups de feu. Tout était perdu, si les Autrichiens avaient su profiter de cet avantage momentané; mais leur infanterie resta immobile, et ils se contentèrent de lancer quelques hussards et quelques chasseurs à pied, qui ne parvinrent point à traverser le bois. En sorte que, tandis qu'ils étaient contenus par la résistance des deux bataillons du 83e commandés par le colonel Champollon et le lieutenant-colonel Villars; du 98e, colonel Leclerc; du 29e, colonel Laroque et de quelques autres, le duc de Chartres, formant derrière le bois une colonne de chasseurs à cheval du 3e régiment pour arrêter les fuyards, parvint enfin à les rallier. Ce fut alors que, leur adressant quelques-unes de ces paroles si puissantes sur le cœur du soldat, il fit succéder l'enthousiasme à la terreur. Les bataillons s'étaient mêlés; il en fit une colonne à laquelle il donna le nom de *bataillon de Mons*, y plaça les cinq drapeaux (1) dont les bataillons étaient disper-

(1) Ces cinq drapeaux abandonnés par les fuyards avaient été recueillis par le général Desforets, qui, après les avoir long-temps

sés, et, renforcés de six bataillons qu'il avait mis en réserve à l'entrée du bois, il fit de nouveau battre la charge; et ces mêmes soldats, que la frayeur venait d'emporter loin du champ d'honneur, attaquent avec intrépidité l'infanterie autrichienne qui remplissait l'intervalle des redoutes, y pénètrent la baïonnette en avant, et s'emparent d'une partie de l'artillerie ennemie, que la cavalerie autrichienne s'efforçait vainement de faire rentrer dans Mons. De ce moment la victoire n'est plus douteuse; les prodiges de valeur se multiplient dans nos rangs. A l'aile gauche, le colonel Thouvenot et le général Ferrand, qui eut un cheval tué sous lui; à l'aile droite, Beurnonville et Dampierre à la tête du 19e, colonel Desponchez et lieutenant-colonel d'Arménonville; du 7e, colonel de Bannes; et des bataillons de Paris; Dumouriez qui charge lui-même à la tête d'un escadron; partout enfin les soldats français prodiguant leur sang et leur courage. L'ennemi, chassé de toutes les positions, fuit en laissant le

embrassés, les porta en faisceau malgré leur poids, au centre de la colonne. (*Note de l'Éditeur.*)

champ de Jemmappes couvert de ses morts et de ses canons. Les suites de cette victoire conduisirent les Français jusqu'à Mons, où ils entrèrent le 28 novembre.

C'étaient là sans doute d'importans services rendus à la révolution. Ils auraient dû acquérir plus de prix encore de la part du duc de Chartres, qui, prince du sang, assurait ainsi l'abolition des priviléges dont une si grande part lui était dévolue. Son patriotisme éclairé l'avait rallié au drapeau tricolore; il avait vu dans la cause du peuple français celle de la raison, celle de la civilisation européenne; il avait sacrifié volontiers à cette cause sacrée et ses intérêts et ses affections. Il semble que la reconnaissance nationale devait payer de tels sacrifices. La nation ne les a pas oubliés; en effet, elle en a gardé un souvenir qui n'a pas été stérile; mais à la fin de 1792, ce n'était plus la nation, c'étaient les factions qui gouvernaient. Au lieu d'un gouvernement sage et constitutionnel, la révolution semblait marcher à l'anarchie par des voies de proscription et de deuil. Les bons citoyens étaient éloignés; on voulait perdre aussi le duc de Chartres et sa famille.

Le jeune prince, dont le dévouement ne pouvait être mis en doute sans une extrême ingratitude, déplorait de tels excès; sa franchise avait laissé voir combien ils l'indignaient; car la liberté qu'il rêvait, lui, n'avait besoin ni de sang ni de vengeances.

Cependant le parti révolutionnaire faisait des progrès toujours croissans; bientôt parut un décret de la Convention qui bannissait du territoire français tous les membres de la maison de Bourbon, sans même en excepter les princes de la branche d'Orléans. Le duc de Chartres était alors à Tournay, où il avait conduit sa sœur mise sur la liste des émigrés pendant un voyage qu'elle avait fait en Angleterre avec madame de Genlis. A la nouvelle de ce décret il accourut à Paris.

Le duc de Chartres n'avait pu voir les progrès de l'anarchie sans en craindre les effets pour sa famille. Il ne pouvait envisager non plus sans inquiétude la position difficile où un ardent amour de la liberté avait placé son père. Le jugement de Louis XVI était demandé. En requérant le bannissement contre tous les membres de la maison de Bourbon, Saint-Just avait ajouté : *Quant au roi*, *nous le gardons, et vous savez pourquoi.* Le jeune prince, qui désirait vivement mettre tous les siens à l'abri du danger, songea à se servir du décret de l'Assemblée comme d'une porte d'honneur ouverte à sa famille pour la dérober à la tourmente.

Le duc d'Orléans avait pris franchement les intérêts de la révolution; mais on n'avait pas tardé à calomnier ses intentions. Les partis qui le circonvenaient avaient tour-à-tour compromis son nom au milieu des discordes civiles; on s'en était emparé comme d'un signe de ralliement, puis on avait affecté de le renier avec dédain. Étranger à toutes ces intrigues, il se trouvait, comme le disait Boissy-d'Anglas, le chef d'un parti dont il n'était pas lui-même.

Le duc de Chartres supplia son père de profiter du décret de bannissement pour s'arracher à tous ces embarras. « Il est surtout, disait-il, une position terrible dans laquelle vous allez vous trouver. Louis XVI va être accusé devant l'Assemblée dont vous êtes membre : il faudra vous asseoir comme juge en face du roi ! » Il voulait ainsi non pas l'effrayer, mais le convaincre; il le suppliait d'aller plutôt avec tous les siens chercher dans le nord de l'Amérique une retraite paisible loin des ennemis de la France, et où ils pourraient attendre des jours meilleurs pour la patrie.

De son côté le duc d'Orléans pensait qu'il était de son honneur comme de son devoir de ne point abandonner son poste, malgré les dangers dont il était environné. Ébranlé cependant par les instances de son fils, il lui dit d'aller consulter à ce sujet l'un des membres influens de l'Assemblée : ce député refusa de se prononcer. *Je ne puis*, dit-il, *donner aucun conseil à votre père : notre situation n'est pas la même. Moi j'ai des injures personnelles à venger; votre père, lui, doit écouter sa conscience comme prince, son devoir comme citoyen...*

Cette réponse indécise n'était pas de nature à agir puissamment sur l'esprit du duc d'Orléans, ni à donner quelque force aux nouvelles prières de son fils. Pénétré de toute l'étendue des devoirs d'un citoyen, ce prince, ne croyait pouvoir reculer devant aucune circonstance; il pensait qu'un homme, dans quelque rang qu'il soit, s'il trahit son pays, est passible des peines réservées aux traîtres.

Quand son fils vit qu'il se faisait de cette résolution un point d'honneur et un cas de conscience politique, il renonça à son projet, embrassa son père pour la dernière fois et retourna à l'armée.

Le décret de bannissement fut pour le moment rapporté en ce qui concernait sa famille.

Ses prévisions ne tardèrent pas à se réaliser. L'échafaud était en permanence : Louis XVI y monta. La Convention prononça son arrêt. Ce jour-là, agité sans doute encore par le souvenir des supplications de son fils, le duc d'Orléans se promenait à grands pas dans son appartement. Étonné de ne pas le voir à l'Assemblée, un membre se rend en toute hâte au Palais-Royal, triomphe de ses hésitations en lui présentant son absence comme une lâcheté, et l'entraîne à la Convention. Le duc d'Orléans était juge : il n'appartient qu'à Dieu de descendre dans les consciences.

Mais détournons les yeux des échafauds ; car, comme l'a dit un de nos plus brillans orateurs : Les drapeaux de nos soldats voilent merveilleusement les excès de la révolution.

— Oui ! oui ! cria tout le poste ; retournons à l'armée, car à cette époque les vertus s'étaient réfugiées dans les camps.

Le grenadier reprit :

« Je passe sous silence les événemens militaires qui suivirent la bataille de Jemmapes, et le siége de Maëstricht levé à l'approche du prince de Saxe-Cobourg, qui avait déjà forcé le général Lanoue à Aix-la-Chapelle. Les divers corps d'armée se réunirent aussitôt devant Louvain, où ils se trouvèrent sous le commandement en chef de Dumouriez. Les ennemis nous avaient suivis de près; ils étaient alors commandés par l'archiduc Charles, bon général, dont le plus grand tort est d'avoir presque toujours été opposé à Bonaparte.

Nous étions les moins nombreux; les Autrichiens avaient fortifié leur position au village de Nerwinde, et cependant les attaquer sans délai était pour nos généraux la seule chance de succès. Nous étions mal approvisionnés; nous n'avions pas de renforts à attendre; il en viendrait sûrement aux Autrichiens, qui pouvaient aisément différer le combat jusqu'à leur arrivée; car tout ce qui nous manquait ils l'avaient en abondance. C'eût donc été une faute que d'attendre; et malgré notre infériorité, Dumouriez, qui ne pouvait reculer sans combattre, résolut de confier les chances d'une bataille à l'impétuosité et au patriotisme de l'armée française. Valmy et Jemmapes semblaient lui répondre du succès.

Le général Valence, qui commandait l'aile droite, attaqua le premier, le 18 mars 1793. Le duc de Chartres, qui commandait le centre, ayant sous ses ordres les généraux Dietmann et Dampierre, devait soutenir cette attaque si elle était insuffisante ou douteuse. Elle fut au contraire impétueuse et couronnée d'un plein succès. Les Autrichiens furent délogés du village; mais Valence fit la faute de les poursuivre trop loin avant de savoir ce qui se passait sur les autres points de la bataille. Jaloux de suivre son premier succès, il négligea de garder la position du village, et l'ennemi y rentra, mettant ainsi la droite et le centre de l'armée dans une position extrêmement critique.

Le duc de Chartres le comprit aussitôt, et recommença l'attaque avec ses colonnes fraîches et pleines d'ardeur, car elles avaient craint un instant de n'avoir point leur part du triomphe. On s'avança gaiement vers Norwinde; M. de Chartres nous animait et nous donnait l'exemple. Un feu bien nourri d'artillerie nous précéda de quelques instans, et l'attaque à la baïonnette, soutenue des efforts de notre cavalerie et de celle du général Valence, qui chargeait sur les côtés, nous remit de nouveau en possession du village.

Ce second engagement fut plus opiniâtre et mieux soutenu que le premier. Les Autrichiens semblaient recevoir à chaque instant de nouveaux renforts, et pour nous maintenir il fallait repousser des attaques multipliées et un feu très-vif. Dumouriez ne savait à quoi attribuer ce doublement des forces ennemies, lorsqu'il apprit que notre gauche, commandée par le général Miranda, était en pleine déroute. Malgré toutes les précautions, ce bruit circula dans les rangs. Presque en même temps de nouveaux renforts se dirigeaient de la droite des ennemis vers l'attaque du village. Ce fut le signal de notre défaite.

Les bataillons nouvellement recrutés s'effrayèrent et prirent la fuite. En vain tous nos généraux firent-ils d'incroyables efforts pour arrêter le désordre, ramener les fuyards; le cri de *sauve qui peut* s'était fait entendre; ce n'était plus une retraite, c'était une déroute. Toute l'armée ne suivit pas cet exemple: le duc de Chartres et le général Leveneur, qui avait pris le commandement du corps du général Valence, couvert de blessures, se mirent à la tête de ce qu'il y avait de vieux soldats dans l'armée; et, retranchés sur la place du village, ils arrêtèrent assez long-temps l'ennemi pour l'empêcher de poursuivre ceux qui fuyaient.

Le duc de Chartres avait eu un cheval tué sous lui pendant l'action; il était à craindre que la déroute ne finît par nous entraîner. Le prince le comprit; aussi, malgré les instances qu'on employa pour lui faire hâter sa retraite, il passa toute la nuit sur le champ de bataille à rallier les troupes, qui, grâces à son dévouement, rentrèrent le lendemain à Tirlemont.

Sans cette fermeté, sans ce courage inébranlable, la défaite de Nerwinde eût pu devenir aussi funeste à la France que la victoire de Jemmapes lui avait été profitable. On accusa le général Miranda d'avoir trahi. Il paraît certain que la jalousie qu'il avait conçue contre Dumouriez dégénéra en mauvaise volonté, et que par suite de cette mauvaise humeur il compromit le sort de toute l'armée française.

Le duc de Chartres avait tout fait pour la patrie; mais trop souvent dans les révolutions la gloire est plutôt un titre à la persécution qu'à la reconnaissance. Le prince ne fut pas à l'abri de l'envie et de la proscription qui frappèrent aussi les véritables patriotes.

Quant à Dumouriez, il ne fut pas non plus épargné. On l'accusa d'abord d'avoir voulu servir les émigrés contre la révolution. C'est une fable; car on sait qu'en 1814 Macdonald ayant mis Dumouriez parmi ceux qui pouvaient être faits maréchaux de France ou grands-cordons de la Légion-d'Honneur, Louis XVIII effaça son nom à deux reprises différentes. Lorsque Dumouriez l'apprit, il s'écria : « Ce n'est pas étonnant; j'ai là, sur le front, quelque chose qu'ils ne me pardonneront pas : c'est un écriteau où est tracé ce mot : *Champagne !*

On l'a ensuite accusé d'avoir cherché à renverser la Convention par la force des armes, et à placer son jeune lieutenant sur le trône. Rien n'est plus faux.

Dumouriez, voyant avec douleur, comme tous les honnêtes gens, que la Convention régnait par le sang et par la terreur, se crut, il est vrai, appelé à sauver son pays de l'anarchie en faisant marcher son armée contre cette assemblée. Ce pouvoir ombrageux ne lui laissa pas le temps d'exécuter son projet : il se hâta de le prévenir, en envoyant à Dumouriez l'ordre de venir rendre compte de sa conduite, ce qui équivalait à un arrêt de mort. Dumouriez était à souper avec le duc de Chartres à Saint-Amand-des-Boucs, lorsque le courrier lui apporta cette nouvelle. Tandis qu'à la lecture de cet ordre du Comité de salut public le jeune prince témoignait au général de justes regrets, Dumouriez ouvre les autres dépêches. « A votre tour, mon ami, dit-il au prince, car voici une lettre qui renferme pour vous le même ordre. »

En effet, le général et son lieutenant, décrétés tous deux d'accusation, étaient convoqués à la barre du Comité de salut public. Ils comprirent que c'était leur tête qu'on demandait, et que s'ils voulaient la mettre en sûreté ils n'avaient pas de temps à perdre. Ils se dirigèrent donc le lendemain matin vers la frontière suivis de quelques compagnons fidèles dont j'ai eu l'honneur de faire partie.

Malgré nos précautions, nous fûmes rencontrés par un bataillon de l'Yonne; le commandant, Davoust, depuis prince d'Eckmulh, ne reconnaissant pas ses généraux, fit faire feu sur nous. Personne ne fut atteint; mais cette première alerte faillit nous devenir funeste, car elle donna l'alarme, et un détachement de cavalerie se mit à notre poursuite. C'en était fait de nous sans la présence d'esprit de Baudoin, palefrenier du duc de Chartres.

Ce fidèle serviteur, voulant détourner l'attention de ceux qui poursuivaient son maître, feignit d'être blessé et se coucha sur le bord du chemin près d'une meule de foin, derrière laquelle il avait caché son cheval. Quand les cavaliers furent près de lui, ils lui demandèrent s'il nous avait vus, et quel chemin nous avions pris. Baudoin appelait de tous ses vœux cette demande, à laquelle il s'empressa de satisfaire en indiquant une direction tout opposée à celle qu'avait prise le prince. Lorsque les cavaliers furent éloignés il nous rejoignit, et à l'aide de ce stratagème nous gagnâmes heureusement la frontière.

En quittant la France, le duc de Chartres se rendit d'abord à Mons, traversant ainsi en exilé les lieux témoins de ses victoires. Dans cette ville, où était le quartier-général de l'armée ennemie, le prince de Saxe-Cobourg lui offrit de servir avec le même grade qu'il avait dans l'armée française. Le duc de Chartres avait bien pu blâmer tout haut les excès auxquels s'était portée la révolution, mais avant tout il avait le cœur français. Servir contre sa patrie est un crime que rien ne peut faire excuser. C'était sa doctrine; aussi refusa-t-il les honneurs du général autrichien; il ne voulut recevoir de lui que des passeports pour la Suisse.

Ici finit ma tâche, dit le grenadier. Je n'ai pu suivre le prince dans son exil, et j'en ai un regret véritable. Je ne le revis plus qu'à son retour; mais alors je ne fus pas le dernier à aller le saluer au Palais-Royal, et dans ce moment je ne suis pas le moins curieux d'entendre raconter son exil et ses longs voyages. Sergent, c'est à vous de reprendre la parole, et de tenir votre promesse.

— Avec plaisir, répondit le vieux serviteur de la maison d'Orléans; j'aime assez à parler des malheurs lorsqu'ils sont oubliés; et il y a quelque chose de piquant à montrer sous la livrée de la misère celui qui commande aujourd'hui à la grande nation. »

# TROISIÈME TOAST.

## EXIL.

« Ami sincère de la liberté et de l'indépendance de son pays, le duc d'Orléans avait fait de bon cœur à la révolution tous les sacrifices qu'elle exigeait de son rang; mais un préjugé terrible s'attachait à son nom; la crainte de passer pour être du parti d'Orléans étouffait toutes les voix qui aurait pu s'élever en sa faveur : devenu un objet de crainte et de jalousie pour toutes les factions, il était proscrit de

France par ceux qui la couvraient de sang (1); il fut repoussé au dehors comme un partisan de la révolution dont il était victime, parce que jamais il ne voulut servir sous les drapeaux de l'émigration. Il préféra l'exil et la misère.

Après avoir fait prévenir de son départ la duchesse d'Orléans sa mère, qui était gardée à vue dans le château du duc de Penthièvre à Vernon, incertain de son avenir, inquiet des dangers qui menaçaient sa famille, il partit de Mons au mois d'avril 1793, sous le nom d'un voyageur anglais, et suivi de César Ducrest, son aide-de-camp.

Son premier chagrin fut de traverser en fugitif les mêmes contrées que peu de mois auparavant il avait parcourues en vainqueur, à la tête de l'armée française. Elles étaient alors occupées par des ennemis à qui la victoire de Nerwinde avait rendu un peu de leur ancienne audace; la Convention régnait par la terreur, les villes étaient pleines d'émigrans,

(1) Les Conventionnels étaient surtout irrités contre le duc de Chartres, par une lettre qu'il leur avait écrite, et dans laquelle il montrait que ses opinions n'étaient pas favorables à leur système de terreur et de sang.

qui apprenaient aux étrangers à prononcer avec horreur le nom de France. Le duc de Chartres était à chaque instant exposé à être reconnu par des ennemis ou par des compagnons d'exil; pour l'éviter, il était obligé de prendre les plus minutieuses précautions. Ainsi il traversa Liége, Aix-la-Chapelle, Cologne, dans le plus stricte incognito, n'osant pas même dîner à table d'hôte.

A Coblentz, il trouva des souvenirs encore récens de l'espèce de cour qu'y avaient tenue les émigrés jusqu'à la bataille de Valmy. Après cet échec, le roi de Prusse s'en vengea un peu sur eux, il les traita moins bien; les frères du roi furent obligés de s'éloigner, et leur cour disparut.

Quelle fut la surprise du duc de Chartres de trouver, dans l'auberge où il était logé, son portrait et celui de tous les membres de sa famille! Il questionna l'hôte à ce sujet. « C'est en souvenir de leur passage ici, répondit ce brave homme, qui, comme la plupart de ses confrères, n'était économe que de la vérité; je les ai tous logés. — Tous, reprit le duc? — Oui, tous sans exception; et il continua en faisant au jeune voyageur l'indication précise des appartemens que ces grands personnages avaient soi-disant occupés dans son hôtellerie; il ne se doutait guère qu'il eût, pour la première fois, devant les yeux un des princes dont il avait si précieusement recueilli les portraits.

A Francfort, il apprit par une gazette que toute sa famille avait été arrêtée.

En effet, au mois d'avril 1793, le comité de sûreté générale de la Convention avait décrété des mandats contre son père et tous les membres de sa famille. Le duc d'Orléans fut d'abord conduit à la mairie, d'où il réclama inutilement auprès de la Convention l'inviolabilité de sa personne en qualité de député, faisant observer qu'il ne pouvait être arrêté qu'en vertu d'un décret d'accusation rendu par la Convention elle-même. On répondit à sa réclamation en passant à l'ordre du jour et en ordonnant sa translation immédiate dans les forts et châteaux de Marseille, où il était même privé de la consolation de communiquer avec ses enfans.

C'est à Francfort, où se trouvait alors le duc de Chartres, que Lafayette, oublié par la France, était alors chargé de fers, sous la garde des Prussiens.

Ainsi, aux deux extrémités de la France, les amis de la liberté recevaient d'un geôlier le prix de leurs sacrifices; un jeune prince était exilé pour avoir tout sacrifié à cette cause.

Partis de Francfort, nos voyageurs se dirigèrent sur Bâle; d'une colline située aux environs de cette ville, l'œil découvre le sommet du fort d'Huningue. Le prince y aperçut ce drapeau tricolore à l'ombre duquel il avait si vaillamment combattu, et il ne put se défendre d'une douloureuse émotion. Là était la France; là florissaient naguère de si belles espérances d'une nouvelle ère sociale; là tant de cœurs avaient battu de la plus noble ardeur à l'appel de la révolution qui détruisait la Bastille! Et maintenant, combien de ses fils les plus illustres, les plus dévoués, jetaient, de la terre d'exil, sur la patrie des yeux remplis de pleurs! combien à qui la vue du nouvel étendard ne rappelait que sang, amertume et regrets! Le drapeau d'Huningue fut salué par les exilés de Bâle avec attendrissement; leurs larmes ne s'adressèrent qu'à la patrie, dont ils étaient déjà si loin, et qui semblait s'être rapprochée pour recevoir d'eux un dernier adieu.

Jusque là le duc de Chartres n'avait point été reconnu pendant son voyage, il le fut à Bâle par un capitaine de royal Suédois. A ce motif s'en joignit un autre pour l'engager à hâter son départ. Son ami, le comte Gustave de Montjoie, qui s'était chargé d'aller prendre à Tournay Mlle d'Orléans et Mme de Genlis, venait de lui mander qu'il était arrivé avec elles à Schaffouse.

Dès ce moment il était obligé de chercher en Suisse, pour lui et cette petite colonie d'exilés attachés à sa destinée, une retraite obscure, en harmonie avec sa fortune actuelle. Il y rencontra de nombreuses difficultés. A Zurich, un membre du grand conseil lui dit qu'il pourrait trouver l'asile qu'il cherchait, mais qu'il lui en coûterait beaucoup d'argent, et M. le duc de Chartres n'avait alors pour lui, pour sa sœur, et les personnes qui les avaient suivis, qu'une centaine de louis au plus. Il n'y avait pas de quoi payer l'hospitalité désintéressée des Zuricois.

Livré à toutes les chances de l'exil, aux incertitudes de la pauvreté, aux plus cruelles inquiétudes sur le sort des siens, jamais le prince ne fut aigri par le malheur au point de renier la cause qu'il avait défendue. Loin d'accuser la liberté des maux qu'il souffrait pour elle, loin qu'elle lui parût moins digne de vœux et d'hommages, sur cette terre où il ne pouvait trouver un asile, il recherchait, il admirait encore les monumens qui consacrent l'affranchissement d'un peuple. Il passa au village de Steinen, et ce fut avec un respect religieux qu'il y visita la chapelle rustique élevée sur l'emplacement où fut jadis la chaumière de Verner Stauffacher, l'un des trois héros libérateurs de l'Helvétie, alors que cette contrée secoua le joug de l'Autriche et se vengea de l'infâme Gessler.

Son admiration pour les compagnons de Guillaume Tell ne le protégeait pas au milieu de leurs descendans. A Zug on découvrit qui il était, on loua son courage, mais on craignit les ressentimens que pouvait exciter sa présence, et un arrêté du grand conseil lui ordonna bientôt de quitter le canton.

Heureusement M. de Montjoie se rappela que le général Montesquiou, ancien membre de l'Assemblée Constituante, et qui avait été décrété d'accusation pendant qu'il commandait l'armée des Alpes, avait obtenu des cantons une retraite à Bremgarten, où il vivait sous le nom du chevalier de Rionel, dans une paisible obscurité. Il se rendit auprès de lui, et lui fit connaître la position des illustres proscrits. Le général s'empressa de leur prêter son appui. Il parvint, non sans peine, à faire recevoir mademoiselle d'Orléans, et même madame de Genlis, au couvent de Bremgarten. Quant au duc de Chartres, il ne pouvait, sans inconvéniens pour lui-même comme pour ce prince, le garder auprès de lui. « Vous n'avez, lui dit-il, d'autre parti à prendre que celui d'errer dans les montagnes, de ne séjourner nulle part, et de continuer cette triste manière de voyager jusqu'au moment où les circonstances se montreront plus favorables. Si la fortune vous redevient propice, ce sera pour vous une Odyssée, dont les détails seront un jour recueillis avec avidité. »

Le duc de Chartres, content d'avoir mis sa sœur à l'abri de l'orage, accepta cette triste destinée; il l'a subie avec courage, avec honneur, et ce doit être à présent pour lui un noble et glorieux souvenir : mais c'était aussi un triste spectacle que de voir un jeune prince du sang, à vingt ans, réduit à errer à pied, à se cacher dans les montagnes, presque sans argent, seul. Combien de fois il dut se rappeler alors avec reconnaissance les soins donnés à son éducation. Exercé de bonne heure à la fatigue, fortifié dès sa jeunesse par tous les exercices du corps, sa santé, sa constitution forte suffirent à toutes ces infortunes. D'un autre côté, il trouvait dans son instruction si variée, dans ses principes de vertu, des consolations et une force morale qui le plaçaient au-dessus de l'adversité et le garantissaient du désespoir.

Lorsqu'il se sépara de sa sœur et commença ses pénibles voyages, il n'avait pas d'argent; son premier soin fut de se rendre à Bâle, où l'attendait M. de Montjoie, et d'y vendre ses chevaux. Cette ressource lui procura environ soixante louis. Là il fut obligé encore de se séparer d'un ami dévoué; à peine pouvait-il garder avec lui un domestique. L'attachement du fidèle Baudoin ne souffrit pas qu'il s'exposât aux dangers d'entreprendre seul de longs voyages; mais comme Baudoin était alors souffrant, ils sortirent de Bâle, le prince à pied, et son domestique monté sur le seul cheval que l'illustre proscrit eût conservé.

La Suisse est, pour un homme instruit, un pays fertile en observations. La nature y offre à l'œil de celui qui l'étudie le spectacle le plus riche, le plus varié, comme le plus pittoresque. Le prince voulut d'abord parcourir les sites et les villes de la Suisse, il y chercha surtout des souvenirs de liberté et d'héroïsme. Envisageant avec une courageuse résignation son aventureuse destinée, le prince avait résolu de la faire au moins servir à son instruction. Au lac de Neufchâtel et dans les environs de cette ville, il s'entretenait avec l'éloquent souvenir de Jean-Jacques. Quel hommage rendu aux lieux immortalisés par le philosphe qui prêcha l'égalité sur la terre !

A Küssnac, le duc de Chartres contempla avec respect les monumens élevés à la gloire de Guillaume Tell. A Telenblat, il n'avait pu voir sans émotion la chapelle consacrée au libérateur. Un artiste y a, d'un pinceau novice, retracé grossièrement une suite de tableaux représentant les actions diverses par lesquelles s'est fondée la liberté helvétique. Il semble que ces tableaux, où l'imperfection accuse et leur date et l'ignorance de la contrée à cette époque, ont quelque chose de plus éloquent qu'ils doivent à leurs défauts mêmes.

A quelques pas de la chapelle de Tell, le voyageur visita la ruine impériale de Halsbourg, et vit disparaissant sous l'herbe ses derniers vestiges. Ses anciens maîtres ont régné sur toute l'Allemagne; elle a été le manoir le plus redouté, le plus envié du pays. Dans vingt-cinq années elle a vu deux fois des infortunes égales aux siennes. L'arrière-petit-fils du frère de Louis XIV chercha dans ses ruines un asile contre la proscription, et plus tard Marie-Louise, tombée du trône de France au rôle d'une archiduchesse d'Autriche, vint demander à ce qui reste de ses créneaux quelques souvenirs de ses ancêtres.

Les ressources du prince s'épuisaient, et pourtant son horizon politique, toujours chargé d'orages, ne lui permettait pas d'espérer une retraite paisible; il avait parcouru les villes et les hautes vallées de la Suisse, il voulut aussi étudier la nature dans les montagnes. A Grindelwald, il paya un tribut d'admiration à ce *vallon* qui semble réunir toutes les saisons dans le même temps, tous les climats dans le même lieu; à ce *Schreckhorn*, qui, bravant les feux du soleil, reflète son éclat en iris de mille couleurs, et s'élève au milieu d'une délicieuse verdure à une hauteur de 2724 toises au-dessus de la mer.

Aux Alpes, dans une de ses courses aventureuses, étant parvenu, toujours suivi de son fidèle Baudoin, jusqu'à l'hospice du Saint-Gothard, il sonna; aussitôt un capucin, se montrant à un vasistas, lui cria en italien : « *Che volete?* — Je voudrais, répondit le prince, quelque nourriture pour mon compagnon et pour moi. — On ne reçoit point ici les piétons et les gens de votre espèce. — Mais, révérend père, nous paierons tout ce que vous voudrez. — Non, non; cette auberge-là est bonne pour vous, répliqua le capucin, en montrant du doigt un mauvais hangar où des muletiers se partagaient un fromage des Alpes; et il referma la fenêtre.

Chassé sans pitié de l'hospice, où quelques années plus tôt ces religieux eussent réclamé sa protection pour prix de son passage, il continua sa vie errante, et parcourut le pays des Grisons. On m'a raconté qu'à Gordona il demanda l'hospitalité comme au Saint-Gothard : là, comme chez les moines, il paraît que son costume et son bagage étaient peu de nature à inspirer la confiance, car une vieille femme lui répondit d'abord comme le vieux capucin. Cependant il était presque nuit, le temps était mauvais, et par humanité elle se décida à donner asile au voyageur; elle lui offrit un lit de paille dans une grange. Le prince était fatigué, il accepta avec joie et dormit d'un excellent sommeil jusqu'au point du jour, où il s'éveilla enfin au bruit monotone de deux pieds qui passaient et repassaient devant lui. Il ouvre les yeux, et aperçoit non sans surprise un grand jeune homme qui, armé d'un fusil, montait la garde à ses côtés. Le prince lui en demanda la raison : « C'est ma tante, répondit le jeune paysan, qui m'a mis là, avec la consigne de vous tuer s'il vous prenait envie de vous relever pour nous voler ; c'est que, voyez-vous, elle est un peu avare et méfiante, ma tante ! »

Le duc de Chartres sourit du soupçon, licencia, en se levant, son garde-du-corps qui en fut enchanté, paya honnêtement son modeste écot, et poursuivit sa route.

Arrivé au bord du lac de Lucerne, il rencontra un prêtre français et un marchand qui convenaient avec un batelier du prix de leur passage. Le prêtre n'était pas en argent. Malgré sa propre misère, le duc de Chartres paya le passage de l'ecclésiastique, et les voilà embarqués. Le marchand apprit bientôt à ses compagnons qu'il était Nauséda, opticien au Palais-Royal; puis il se mit à parler longuement du duc d'Orléans, à qui il avait, disait-il, plus d'une fois vendu des lunettes. Il parla aussi des jeunes princes ses enfans, prétendant qu'il les connaissait tous parfaitement. Cela ne laissait pas d'embarrasser, sans qu'il s'en doutât, un de ses compagnons de voyage; mais le duc de Chartres ne tarda pas à s'apercevoir qu'il ne courait pas plus de danger d'être reconnu par l'opticien du Palais-Royal que par l'hôte de Coblentz.

Le prêtre, pour lui témoigner sa reconnaissance de la traversée qu'il avait si généreusement payée, le supplia de le prendre à son service comme chapelain. L'illustre voyageur aurait pu naguère entretenir des chapelains; mais exilé, pauvre, ses habits étaient usés, sa bourse était vide; il remercia en riant le bon ecclésiastique, et reçut en débarquant comme un bienfait du ciel une lettre de M. de Montesquiou qui le rappelait à Bremgarten.

De retour dans cette retraite, M. de Montesquiou n'était guère plus en mesure de lui donner chez lui l'hospitalité; mais il lui proposa une ressource qu'accepta avec empressement l'ame forte et courageuse du prince. Le général savait que M. Chabot-Latour, qui avait quitté la France, devait être admis en qualité de professeur au collége de Reichenau. Comme il n'arrivait point, M. de Montesquiou imagina de demander cette place pour le duc de Chartres au directeur du collége, M. Aloys-Jost, qu'il connaissait particulièrement. Cette proposition fut agréée. Le prince, alors âgé de vingt-deux ans, accepta immédiatement; il fut présenté à M. Aloys-Jost, qui savait le véritable nom du nouveau professeur; mais il sentait aussi combien il était important et pour sa maison et pour le duc que personne n'en soupçonnât rien. Le jeune Chabot fut examiné avec toute la sévérité que commande l'importance de semblables fonctions, et il fut unanimement reconnu que le collége, en se l'attachant, faisait une excellente acquisition.

Pendant huit mois le prince remplit tous les devoirs d'une position secondaire avec la plus scrupuleuse exactitude. Il enseignait les mathématiques, la géographie, l'histoire, les langues française et anglaise. Jamais il ne s'épargna un des devoirs, un des soins que lui imposait sa condition du moment. Sa vie et ses manières étaient tellement simples, que jamais le moindre soupçon ne naquit sur son rang véritable. Le directeur pensa seul le trahir par son admiration. Pour lui, toujours également attentif à ses devoirs, rempli de bienveillance, il se conciliait l'estime et l'affection de tout le monde. Je suis sûr, s'il existe encore d'anciens élèves de Reichenau, qu'ils sont bien surpris d'avoir eu pour maître de mathématiques le roi des Français.

C'est là qu'il apprit que son père avait eu le sort des Girondins. Cette nouvelle fut pour lui accablante, non qu'il ne sût combien la popularité est éphémère : mais une telle mort, une telle récompense à celui qui avait tout sacrifié à la liberté !...

Aussitôt que la douleur de M. le duc de Chartres put recevoir quelque consolation, il la trouva dans le courage avec lequel le prince son père avait lui-même provoqué sa mort et était monté sur la fatale charette (1).

(1) Le duc d'Orléans se croyait oublié dans sa prison de Marseille lorsque, le 3 octobre, le député Amar parut à la tribune de la Convention nationale pour y faire, au nom du comité de sûreté générale, un rapport sur la prétendue conspiration des Girondins, à la suite duquel il proposa de mettre en accusation quarante-cinq de leurs collègues, et d'ordonner qu'ils fussent jugés par le tribunal révolutionnaire. Ces quarante-cinq députés appartenaient au parti de la Gironde, auquel le duc d'Orléans avait toujours été opposé; cependant après qu'on eut entendu le rapport d'Amar, Billaud-Varennes, un des députés de Paris qui passait pour avoir beaucoup d'influence dans le parti de la Montagne, proposa simplement, et sans le motiver, que le nom du duc d'Orléans fût ajouté à la liste des députés que la Convention allait mettre en accusation devant le tribunal révolutionnaire; et telle était la terreur qui régnait alors, que cette addition fut décrétée sans qu'il s'élevât une seule voix pour s'y opposer, ni même pour en demander le motif. Des commissaires furent aussitôt chargés d'aller chercher le duc d'Orléans et de le conduire à Paris. A leur arrivée à Marseille, ils l'assurèrent que c'était moins un jugement qu'un éclaircissement que l'on désirait, et qu'il était probable que ce décret avait été rendu afin d'avoir un moyen de mettre un terme à sa captivité. Le duc d'Orléans se laissa

Cet événement faisait au nouveau duc d'Orléans un devoir de songer à recueillir quelques débris de la fortune de son père, épars en Angleterre. Au même moment, un mouvement politique avait éclaté dans le pays des Grisons. Le directeur du collége avait été appelé à l'assemblée de Coïre; ces diverses circonstances engagèrent le prince à quitter le collége

persuader d'autant plus aisément que cela paraissait plausible. Le 23 octobre 1793, il entra dans la chambre du duc de Montpensier : « Je viens, mon cher fils, lui dit-il, pour te dire adieu, car je » vais partir.... Je voulais m'éloigner sans te dire adieu, car c'est » toujours un moment fort pénible; mais je n'ai pu résister à l'en- » vie de te voir encore avant mon départ. Adieu mon cher enfant, » console-toi, console ton frère, et pensez au bonheur que nous » aurons *en nous revoyant.* » Il fit le voyage dans cette illusion; et dans la dernière lettre que ses deux fils reçurent de lui, datée de Lyon, il s'efforçait de les confirmer dans cette espérance et de dissiper les inquiétudes qu'ils avaient sur son sort. Il arriva à Paris dans la nuit du 5 au 6 novembre, et fut conduit directement à la Conciergerie, où on lui annonça qu'il comparaîtrait, dès le lendemain, devant le tribunal. Ce ne fut qu'alors qu'on lui fit connaître l'acte d'accusation sur lequel il allait être jugé. Son étonnement fut grand en voyant que cet acte d'accusation était précisément le même que celui qui avait été dressé contre les Girondins, ses ennemis, et sur lequel ils avaient été condamnés à mort et exécutés huit jours et à retourner près de M. de Montesquiou. Il reçut du directeur un certificat des plus flatteurs, et muni d'un passeport également sous le nom de Chabot, il partit de Reichenau à pied et le sac sur le dos. A quelque distance de Bremgarten, son fidèle Beaudoin l'avait devancé par prudence, et le prince attendit le soir pour s'approcher de la demeure du général. Beaudoin l'attendait; et d'un air plus riant qu'un Saint-Gothard : « Venez en toute assurance, mon-

auparavant; on ne s'était pas même donné la peine d'en faire un autre qui pût au moins être applicable au duc d'Orléans, et il est remarquable que, parmi les absurdités qu'il contenait, on eût laissé subsister le chef d'accusation dirigé contre le député Carra, auquel on avait reproché d'avoir voulu placer le duc d'York sur le trône de France. Aussi, lorsque le duc d'Orléans entendit la lecture de cet article, il dit froidement : « Mais en vérité, ceci a l'air d'une » plaisanterie. » Interpellé par le tribunal de déclarer ce qu'il avait à répondre aux accusations portées contre lui, il se borna à faire observer « qu'elles se détruisaient d'elles-mêmes et qu'elles ne lui » étaient pas applicables, puisqu'il était notoire qu'il avait été con- » stamment opposé au système et aux mesures du parti qu'on l'ac- » cusait d'avoir favorisé. » Néanmoins le tribunal ayant passé outre et l'ayant condamné à mort sans désemparer, il dit, sans se déconcerter, après avoir entendu sa sentence : « Puisque vous étiez seigneur, nous ferons ici un meilleur souper que chez les maudits Capucins, car j'ai entendu tourner la broche, et j'ai senti l'odeur d'un poulet qui vaudra mieux que le fromage des Alpes. »

Le prince passa en effet quelques jours chez le général sous le nom de Corby son aide-de-camp; mais un jour qu'il se trouvait dans un salon voisin de la pièce où était M. de Montesquiou, il l'entendit causer avec quelques personnes dont les soup-

« décidés à me faire périr, vous auriez dû chercher au moins des » prétextes plus plausibles pour y parvenir; car vous ne persuaderez jamais à qui que ce soit que vous m'ayez cru coupable de tout » ce dont vous venez de me déclarer convaincu; et vous moins que » personne, vous qui me connaissez si bien, » ajouta-t-il en regardant fixement le chef du jury. « Au reste, continua-t-il, puisque » mon sort est décidé, je vous demande de ne pas me faire languir ici » jusqu'à demain, et d'ordonner que je sois conduit à la mort sur-» le-champ. » On lui accorda sans difficulté cette triste faveur. En traversant la place du Palais-Royal, la charrette qui le conduisait au supplice fut arrêtée quelques minutes, et pendant ce temps il promena ses regards, avec le plus grand sang-froid, sur la façade de son palais. Arrivé sur la place Louis XV, il monta d'un pas ferme sur l'échafaud, et reçut le coup fatal le 6 novembre 1793 (16 brumaire an II), à quatre heures du soir. (*Note de l'édit.*)

çons sur le compte de son hôte l'embarrassaient. Cette circonstance lui fit craindre que l'hospitalité qu'il recevait ne devînt funeste au général, et ne voulant pas exposer sa générosité à de nouveaux périls, il prit congé de M. de Montesquiou et quitta la Suisse.

# QUATRIÈME TOAST.

## VOYAGES.

« Je demanderai à mon tour la parole pour continuer ce récit, dit après un instant d'interruption un jeune lieutenant de garde à cheval. Vous devinez bien qu'à mon âge je n'ai pas, comme mes camarades, l'avantage d'avoir assisté moi-même aux événemens que je vais raconter ; mais une amitié de collége m'a procuré plus d'une fois l'honneur d'aller à Neuilly chez le duc d'Orléans, aujourd'hui notre roi. Dans les belles soirées d'été, à l'ombre des grands peupliers et des saules qu'il a plantés lui-même, il aime à respirer la fraîcheur des eaux; à parcourir, dans une barque doucement agitée, ces beaux jardins dont il est l'architecte. Dans ces momens où, porté par le balancement régulier des ondes, entraîné lentement par le courant, on semble écouter la vie avec le murmure des flots qui en sont l'image, le prince se plaît à jouir du calme qui l'environne, et reportant ses rêveries sur des jours moins tranquilles, il s'y arrête avec un charme secret, et laisse malgré lui échapper des souvenirs qui rappellent et ses voyages et ses infortunes : c'est une leçon pour sa jeune famille; c'est un intérêt et un plaisir pour tous ceux qui les écoutent. On ne peut les oublier, et malgré l'incertitude de ma mémoire, je vais essayer de reproduire devant vous quelques-uns de ces récits.

« Notre camarade nous a laissés à l'année 1795. Le duc d'Orléans avait dès lors l'intention de s'embarquer pour l'Amérique, où il espérait trouver un asile et un repos que l'Europe lui refusait. Des ressources sur lesquelles il avait compté pour entreprendre ce grand voyage lui manquèrent; il résolut du moins d'occuper ce nouveau loisir à parcourir le nord de l'Europe. Il espérait y cacher son nom à la haine et à l'ambition des partis; il se promettait également d'y compléter l'instruction qu'il devait déjà à ses infortunes.

Muni d'une faible lettre de crédit, il partit de Hambourg, où il avait voulu s'embarquer pour Copenhague. Un ami fidèle, M. le comte de Montjoie, l'accompagnait; il avait aussi avec lui ce même Beaudoin qui déjà avait partagé avec le prince les dangers de l'exil et les rebuts du Saint-Gothard. Cette fois ils trouvèrent, dans le banquier de Copenhague, un hôte plein de bienveillance, dont le crédit fit obtenir au prince, qui ne lui était recommandé que comme un simple voyageur, des passeports du gouvernement danois; le duc en profita pour visiter la Zélande. A Elseneur il parcourut les jardins de cet Hamlet qu'a immortalisé parmi nous le génie de Ducis et de Talma. Bientôt il passa le Sund, et, de Suède entrant en Norwége, il séjourna quelque temps dans la petite ville de Frédérickshall.

C'est au siége de cette ville, comme vous le savez, que mourut Charles XII. Une balle y arrêta à jamais le conquérant suédois au moment où il se préparait à relever sa puissance et la terreur de son nom, diminuées par sa défaite de Pultawa.

Cette mort a divisé beaucoup les opinions ; on a dit qu'il avait péri de la main des siens et non de celle de l'ennemi, et on croit en trouver un fort indice dans la forme de sa blessure, qui est constatée par le moule en plâtre de sa tête, et par l'état de son chapeau et des vêtemens qu'il portait lorsqu'il fut tué. Tout cela est conservé dans l'arsenal de Fridérickshof près Stockholm. Ses habits sont d'un drap très-grossier et ressemblent à ceux que nos paysans portent le dimanche; mais sa chemise est d'une finesse remarquable. Ses gants sont de peau de renne, à grands bords, et très-bien faits. Le gant droit est teint de sang, et il y en a aussi sur le baudrier, parce que, dès qu'il se sentit frappé, il porta la main droite sur le pommeau de son épée; on prétend même que, quoique frappé à la tête, il vécut assez long-temps pour tirer son épée à moitié. On conclut de ce mouvement qu'il avait senti que le coup venait de l'intérieur de la tranchée, et non pas de la place. On assure, et l'état des gants et du baudrier confirme cette opinion, qu'au moment de sa mort Charles XII était occupé à considérer les ouvrages de Frédérickshall, qu'il avait la tête appuyée sur la main droite, et que son coude droit était lui-même appuyé sur le parapet de la tranchée. Le chapeau (qui au reste ressemble à un chapeau de curé, et n'a d'autre ornement qu'un gros bouton de cuivre doré) est percé d'un trou de balle au-dessus de l'œil gauche. La tête en plâtre indique deux trous de balle dont l'un correspond à celui du chapeau, et l'autre est derrière l'oreille droite. Si le trou derrière l'oreille était réellement plus petit que celui au-dessus de l'œil, ainsi qu'on l'affirme, et que la tête en plâtre semble l'indiquer, il serait certain que le coup qui a frappé Charles XII aurait été tiré de l'intérieur de la tranchée, et d'un point où sa position l'empêchait absolument de voir qu'on l'ajustait.

De Frédérickshall le duc d'Orléans se rendit à Christiania, où il dut encore une hospitalité bienveillante à la recommandation du banquier de Copenhague pour un de ses confrères. M. Monod, président actuel de l'église réformée de Paris, était à Christiania à l'époque où le prince y porta son exil. Ce ministre le connut alors : il put l'apprécier loin du rang où l'avait placé sa naissance. Je lui ai entendu assurer depuis que cet examen sans flatterie avait partout été très-avantageux au prince. Et quelle n'avait pas été à lui-même sa surprise, lorsque, plus tard, rentré dans sa patrie, il avait reconnu, dans le jeune Français de Christiania si instruit, si doux, si modeste, un prince du sang placé sur les marches du trône de France !

Le prince vivait à Christiania tranquille et ignoré, heureux d'échapper enfin aux soupçons, à la surveillance qui l'avaient tant de fois suivis dans son exil. Il se crut un jour reconnu. Suivant l'usage établi dans quelques maisons, après avoir déjeuné en ville on était allé achever la journée à la campagne. Au moment du départ pour retourner à Christiania, le prince entend soudain le fils du banquier chez lequel il se trouvait demander à haute voix : « La voiture de M. le duc d'Orléans! » Il ne put s'empêcher de tressaillir : comment expliquer ce singulier incident s'il n'était reconnu ? Cependant le jeune Norwégien ne paraissait même pas remarquer ce léger embarras où il mettait son hôte. Celui-ci voulut éclaircir ses craintes : « Pourquoi donc, demanda-t-il en souriant, appelez-vous la voiture de M. le duc d'Orléans, et quels rapports.... — Aucun vraiment; mais dans un voyage que j'ai fait à Paris, chaque fois que nous sortions de l'Opéra, j'entendais répéter de tous côtés et avec empressement : La voiture de monseigneur le duc d'Orléans! les gens de son altesse royale! J'en ai été plus d'une fois étourdi. Il m'a passé tout à l'heure par la tête de faire de même, au lieu de demander tout simplement notre voiture. » Cette explication rassura le prince. Le jeune homme ne se doutait pas, en effet, quelle application recevaient en ce moment ces mots qu'il avait prononcés avec étourderie, et quel souvenir ils réveillaient!

En quittant Christiania, l'auguste voyageur visita quelques villes dans la partie septentrionale de la Norwége. Arrivé à Drontheim, il descendit le long de la côte jusqu'au golfe de Saltan; puis, sous la conduite d'un perruquier de ce pays qui avait consenti à lui servir de guide, il suivit à pied la crête des montagnes pour atteindre le Cap-Nord. Bientôt il voyagea avec les habitans de ces contrées lointaines, les Lapons, dont les plus vieux seulement se rappelaient avoir vu des Français visiter leur pays. Comme eux, le prince était revêtu d'une sorte de tunique de voyage qu'ils appellent *koufte.* Il se plaisait à les questionner, à étudier, d'après leurs récits, leurs mœurs, leurs usages et les accidens bizarres de ces climats si différens du nôtre, sous un ciel qui n'offre à l'homme, à la végétation, qu'un jour de six mois et une nuit de même durée.

Le duc d'Orléans arriva au Cap-Nord dans le mois d'août 1795. Il y fut reçu par M. Ozernhoff, ministre luthérien. L'arrivée d'un Français dans cette contrée était un événement presque inconnu. Le spirituel auteur du *Légataire universel*, le savant Maupertuis, envoyé par un roi de France pour mesurer un degré du méridien à cette distance du pôle, s'étaient avancés moins loin que ne l'avait fait l'illustre exilé. Aussi devint-il, parmi ce peuple ignorant et relégué aux extrémités du monde et de la civilisation, un objet de surprise et de curiosité.

M. le duc d'Orléans séjourna quelque temps dans ce pays, qui, le seul de la terre peut-être, n'avait pas vu encore un exemple aussi frappant des vicissitudes humaines. Il revint enfin à Torneo, et parcourut toute la Finlande, jaloux d'étudier sur le théâtre même où ils s'étaient passés les événemens de la dernière guerre entre la Suède et la Russie. Il s'avança jusqu'au fleuve Kymène, limite des deux états. Catherine II, qui occupait alors le trône des czars, s'était montrée trop ennemie de la révolution française, trop amie de l'émigration pour que le prince pût espérer d'y être en sûreté; il revint donc à Stockholm.

Son intention était de s'y établir quelque temps, et d'y vivre selon ses goûts simples, sous le plus strict incognito. Il se découvrit lui-même en profitant d'un billet qui lui avait été donné pour voir un grand bal à la cour.

On avait annoncé long-temps à l'avance que tout ce qu'il y avait de plus brillant devait figurer à ce bal; tous les personnages devaient y porter des costumes nouveaux, et tous, assurait-on, très-remarquables. Le prince voulut voir aussi les fêtes de la cour chez une nation dont il avait visité les monumens et étudié les mœurs. Il obtint d'être placé dans une petite tribune où, sans fixer aucunement les regards sur lui-même, il pouvait voir tant bien que mal toute la pompe d'une fête que les siennes eussent pu égaler naguère. A peine y était-il, qu'un maître de cérémonies vint à lui : « Je suis chargé, lui dit-il, de placer les étrangers, et je vois avec peine que vous êtes fort mal. Venez avec moi, je vous placerai mieux. » Le prince, embarrassé, résista quelque temps à cette prévenance si polie; craignant enfin d'exciter par là quelque soupçon, il finit par se rendre aux instances du maître des cérémonies, qui le fit entrer dans la tribune du corps diplomatique, où le prince resta un instant et disparut bientôt après.

Cette précaution avait été vaine : le lendemain le baron Hamilton, major au régiment de Nassau, vint trouver M. de Montjoie qu'il avait reconnu : « On assure, lui dit-il, que vous êtes ici avec le duc d'Orléans. » Le comte nia d'abord; mais le prince, voyant qu'il était impossible de garder plus long-temps l'*incognito*, lui dit qu'il fallait mieux convenir de tout. En effet, il avait été reconnu également, pendant qu'il était dans la tribune du corps diplomatique, par M, de Rivals, envoyé de France : « Vous ne m'avouez pas tous vos secrets, avait-il dit dès la veille au chancelier de Suède, comte de Sparr ; vous ne me disiez pas que le duc d'Orléans était ici. » Le ministre n'y voulait pas croire. « Cela est tellement vrai, ajouta l'envoyé, que je l'ai vu tout à l'heure dans la tribune du corps diplomatique. »

Le chancelier écrivit aussitôt à l'illustre voyageur, lui témoignant combien la cour de Suède serait charmée de le voir. Le prince, forcé de renoncer à cacher son rang et son nom, accepta cette invitation et fut présenté au roi, ainsi qu'au duc de Sudermanie, régent du royaume.

Le duc d'Orléans fut accueilli avec les plus grands égards. La cour de Suède lui fit les offres les plus généreuses ; il n'accepta que celles qui lui donnaient les moyens de voir en toute liberté tout ce que le pays renferme de curieux et de visiter les monumens dignes de l'attention des voyageurs.

Dans ce nouveau voyage, il parcourut la Dalecarlie, illustrée par le séjour de Gustave Wasa qui vint chercher dans ses mines un refuge contre la tyrannie et a persécution. Le prince français, alors proscrit, coucha également dans cette ferme de Mora qui avait été si long-temps l'asile du héros suédois. Que d'émotions dut réveiller dans son ame le souvenir de ce Gustave, échappé par miracle à ses bourreaux, réduit à s'ensevelir dans les entrailles de la terre, et préparant du fond de sa retraite l'affranchissement de son pays. Ces deux illustres proscrits sortirent de cette ferme de Mora, pour devenir à des époques diverses, l'un roi de Suède, l'autre roi des Français!

Le duc d'Orléans ne voulait pas quitter la Suède sans visiter aussi le superbe arsenal de Calscrona. La cour lui avait offert de l'y faire conduire avec tous les honneurs dus à son rang; mais il désirait ne point attirer sur lui les regards : il refusa des hommages inaccoutumés depuis long-temps, et se rendit à Calscrona comme simple étranger, curieux de connaître le plus bel arsenal de marine qui fût en Europe. Il faillit se repentir de sa modestie, car le gouverneur, auquel il se présenta, lui répondit sans façon que les étrangers n'étaient point admis. Déjà habitué à ces désappointemens, le prince allait se retirer devant cette consigne inflexible, lorsque arriva à temps un courrier envoyé par le régent qui avait prévu cet embarras. Aussitôt toutes les portes furent ouvertes devant l'exilé; le gouverneur l'accompagna lui-même, lui expliqua tout ce qu'il voyait, entre-mêlant sa conversation de questions adroites, insinuant toujours quelques mots dans le but d'engager le grand personnage à trahir son incognito; mais en vain. Il en fut pour ses conjectures; et malgré sa curiosité, il ne put savoir quel était le voyageur pour qui il s'était mis en frais, et que la cour elle-même avait voulu entourer de tant d'égards.

Rien ne retenait plus le prince en Suède; il repassa le Sund, et revint à Hambourg. Sa situation financière n'était guère améliorée; sa situation politique ne présentait également ni plus de certitude ni un meilleur avenir : quoique exilé, il occupait l'attention des deux partis. Pendant son séjour en Suède, il avait reçu près d'Altona, d'un baron dont j'ai oublié le nom, une communication par laquelle le roi (Louis XVIII) l'engageait à se rendre à l'armée de Condé; mais le duc d'Orléans ne pouvait vouloir d'une réconciliation dont la première condition serait de porter les armes contre la France.

Le Directoire, qui venait de succéder à la Convention nationale, avait fait aussi du jeune prince l'objet de son inquiétude. Carnot avait fait proposer à madame la duchesse d'Orléans de l'engager à rentrer en France. « Il faut d'abord, avait-elle répondu, révoquer publiquement l'acte de sa proscription. — Nous ne le pourrions pas sans nous compromettre. » Telle fut la réponse de Carnot, à qui la duchesse demanda de telles garanties pour la vie de son fils que ce projet n'eut pas de suite. On en revint à celui d'engager le prince à quitter l'Europe : on le chercha jusqu'en Pologne. Le ministre de la république française découvrit enfin sa retraite, et lui fit remettre une lettre de la duchesse d'Orléans, sa mère. C'était lui offrir le plus grand bonheur qu'il eût éprouvé depuis long-temps. Cette lettre lui demandait aussi de quitter l'Europe et de passer en Amérique, où ses frères auraient la liberté d'aller le rejoindre : elle l'en suppliait au nom de ses malheurs, qui par là seraient soulagés ; au nom de son pays, à la paix duquel il pouvait contribuer. Je n'essayerai pas de vous rendre la réponse du prince. Tous, bien certainement, vous l'avez lue comme moi avec attendrissement, avec larmes. Jamais il n'y eut de si tendre fils, de si bon frère, de si bon citoyen, et, ce qu'on ne peut s'empêcher de faire remarquer encore dans cette lettre, c'est qu'on la croirait écrite d'hier, tant le prince est resté fidèle toute sa vie aux sentimens et aux principes qui l'ont dictée (1).

(1) « Quand ma tendre mère recevra cette lettre, ses ordres se-
» ront exécutés, et je serai parti pour l'Amérique ; je m'embar-
» querai sur le premier bâtiment qui fera voile pour les États-Unis...
» Et que ne ferais-je pas après la lettre que je viens de recevoir ?
» Je ne crois plus que le bonheur soit perdu pour moi sans res-
» source, puisque j'ai encore un moyen d'adoucir les maux d'une
» mère si chérie, dont la position et les souffrances m'ont déchiré
» le cœur depuis si long-temps. . . . . . . . Je crois rêver quand je
» pense que dans peu j'embrasserai mes frères, et que je serai
» réuni à eux ; car je suis réduit à pouvoir à peine croire ce dont le
» contraire m'eût paru jadis impossible. Ce n'est pas cependant
» que je cherche à me plaindre de ma destinée, et je n'ai que trop
» senti combien elle pouvait être plus affreuse ; je ne la croirai
» même pas malheureuse si, après avoir retrouvé mes frères, j'ap-
» prends que notre mère chérie est aussi bien qu'elle peut l'être,
» et si j'ai pu encore une fois servir ma patrie en contribuant à sa

Les deux frères du prince, arrêtés en vertu du décret auquel lui avait échappé, avaient été enfermés dans les cachots du fort Saint-Jean, à Marseille. La Convention avait respecté leurs jours, mais pour les condamner à vivre séparés dans une dure captivité, et livrés à toute l'inhumanité de ses agens. L'idée de les arracher à une pareille existence eût été bien suffisante pour faire accepter au duc d'Orléans son nouvel exil.

Ce fut au mois de septembre 1796 que le prince s'embarqua à Hambourg pour les États-Unis, sur le vaisseau américain l'*America*. Il n'était connu à bord que de Baudouin. Muni de passe-ports danois qu'il avait exhibés au capitaine, il passait pour être de cette nation. Il n'y avait, outre lui, qu'un seul passager de *cabine;* c'était un émigré français, ancien habitant de Saint-Domingue, bien loin de soupçonner que son camarade fût le duc d'Orléans. Il y avait encore huit ou neuf passagers dans le *steerage*, entre autres un jeune prêtre hanovrien, que les ma-

» tranquillité, et par conséquent à son bonheur. Il n'y a pas de
» sacrifice qui m'ait coûté pour elle; et tant que je vivrai, il n'y en
» a point que je ne sois prêt à lui faire. »

telots américains tourmentaient, en lui disant qu'il était un *Jonas*, et que, comme tel, ils le jetteraient à la mer, s'il survenait du mauvais temps; et un gros paysan alsacien, qui fuyait la réquisition avec 500 louis en or dans sa malle, somme qui lui fut volée à Philadelphie par un aventurier qui lui servait de domestique, d'interprète, et dont il avait payé le passage.

L'un des premiers jours de la traversée, un brouillard très-épais, venant à se dissiper, laissa voir qu'on était près de Calais. Un petit corsaire français y conduisait deux bâtimens danois qu'il venait de prendre allant en Angleterre; il vint visiter l'*America*. L'émigré fut saisi d'une grande frayeur lorsqu'il vit s'approcher le canot du corsaire, et il se hâta de quitter le pont pour se renfermer dans la *cabine*. Sur l'escalier, il s'aperçut qu'il n'était pas suivi par le duc d'Orléans dont le calme l'impatientait, et se retournant vers lui avec un peu d'humeur, il lui dit : « Ma foi, monsieur, si vous étiez Français comme » moi, vous ne seriez pas si à votre aise dans ce » moment-ci. »

Les corsaires étant montés à bord, le capitaine

de l'*America* leur montra ses papiers : « Ah ! fort » bien, lui dirent-ils, de Hambourg à Philadelphie, » c'est de port neutre à port neutre, nous n'avons » rien à dire à cela; continuez votre route, bon » voyage, mais serrez la côte d'Angleterre; elle » vaut mieux que celle de France; » et après avoir donné ce sage conseil, ils quittèrent le bord, sans s'occuper des passagers. Le duc d'Orléans s'empressa de descendre dans la *cabine* pour porter cette bonne nouvelle à l'émigré, qu'il trouva presque évanoui et qui s'écria : « Ils sont partis ! Ah ! que le » diable les emporte; mais ils m'ont donné là une » fière venette. »

Qu'eût-il dit s'il avait su dès lors quel était son compagnon de voyage ? Il l'apprit à Philadelphie, quand il le vit placer à son chapeau la cocarde tricolore pour aborder cette terre libre et hospitalière. Pauvre, le duc d'Orléans pouvait reprendre et son titre et son nom, car il avait supporté le malheur de telle sorte, que ses infortunes rattacheront à son souvenir autant de gloire que les plus brillans exploits et les plus belles actions.

La traversée du duc d'Orléans avait été heureuse

et courte; il n'en fut pas de même de celle de ses frères. Partis de Marseille au mois de novembre, ils eurent une navigation difficile et dangereuse; le navire sur lequel ils étaient échoua à Gibraltar, où ils furent obligés de s'arrêter quelque temps; et ce ne fut qu'au mois de février suivant qu'ils arrivèrent à Philadelphie, où leur frère les attendait depuis long-temps, livré à tous les tourmens de l'inquiétude. Enfin leur réunion, objet de tant d'espérances, leur fit un instant oublier tous les maux qu'ils avaient soufferts.

A Philadelphie, M. le duc d'Orléans vivait dans une retraite modeste, convenable à sa fortune du moment. Il ne recherchait dans la société, dans ses promenades, que les occasions de s'instruire; il s'informait des hommes les plus distingués par leurs connaissances, et désirait alors leur entretien. Il avait lui-même assez d'instruction et de lumières pour n'être pas recherché seulement à cause de l'aménité de son caractère. Les lois furent surtout l'objet de ses études et de son attention. Il les admirait, et laissait souvent échapper le regret que la France, au moment où elle en pouvait espérer de pareilles, eût choisi la voie qui mène à l'anarchie. Sur cette terre, il se consolait de la patrie absente en recueillant les glorieux souvenirs de ses compatriotes et les traces de la reconnaissance qu'ils y avaient laissée. Là Rochambeau, Dumas, Lameth, Lafayette surtout, avaient scellé de leur sang la liberté d'un peuple; Lafayette qui était alors persécuté en Europe, et livré à la haine de ses ennemis. Le duc d'Orléans parlait déjà de ce grand citoyen avec un intérêt qui répondait au nôtre.

Après un séjour de quelque temps à Philadelphie, il proposa à ses frères de voyager dans l'intérieur des États-Unis, et ils partirent tous trois à cheval. Leur première visite fut pour le général Washington, qui leur avait exprimé le désir de les recevoir dans sa retraite de la Virginie. Ce fut pour eux une véritable faveur que de pouvoir saluer le fondateur de la liberté américaine. Washington reçut aussi avec plaisir ces jeunes princes de sang royal, qui avaient noblement combattu pour la liberté.

Leur but était de s'avancer dans l'intérieur des terres, de visiter sur les frontières d'un état porté pour ainsi dire dès son enfance au plus haut point de la civilisation, ces peuplades sauvages à qui l'existence d'un monde civilisé est peut-être encore inconnue. Ils pénétrèrent donc dans ces vastes forêts dont les arbres centenaires ne tombent encore que sous les coups du temps, où nulle trace de perfectionnement et de destruction ne marque le passage de l'homme. Ils s'avancèrent dans ces plaines immenses sans chemins tracés, sans indice qui puisse guider le voyageur; à travers ces hautes herbes souvent brûlées par les feux d'un soleil ardent, contre lequel on a peine à trouver un abri dans quelques bouquets d'arbres épars, aussi rares dans les savanes que les oasis du désert.

Je n'essaierai pas de vous retracer les fatigues, les dangers d'un pareil voyage. Je le ferais volontiers si ma mémoire me permettait de vous répéter une lettre du duc de Montpensier à sa sœur, et que cette princesse aime souvent à relire. Je l'ai entendue dans une des réunions auxquelles je dois les détails que j'ai pu vous donner sur l'exil des princes. Pendant ce voyage, qui fut de quatre mois, le duc de Montpensier rappelle à sa sœur quatorze nuits passées dans les bois, au milieu de toutes sortes d'insectes les plus malfaisans, mouillés quelquefois jusqu'aux os, et sans pouvoir se sécher. Toute leur nourriture c'était du lard, du pain de maïs, quelquefois un peu de bœuf salé. L'hospitalité qu'ils trouvaient dans quelques cabanes n'avait rien de bien plus doux, car alors il leur fallait coucher sur un plancher composé de bûches inégales.

Il paraît encore qu'ils ne l'obtenaient pas partout où il y avait des cabanes, et qu'il ne suffisait pas de s'y présenter l'argent à la main pour y être logé à pied et à cheval, comme dans les auberges de France, car je me rappelle encore que la lettre du prince se plaint des humeurs et des grognasseries qu'il leur fallait subir de la part des hôtes qui ne leur avaient pas fermé la porte au nez (1).

Philadelphie, 14 août 1797.

(1) « Ma chère soeur,

» J'espère que vous aurez reçu les lettres que nous écrivîmes de
» Pittsbourg, il y a près de deux mois; nous étions alors au milieu
» d'un grand voyage que nous venons de terminer il y a quinze
» jours, il a duré quatre mois; nous avons fait, pendant cet es-
» pace de temps, mille lieues, et toujours sur les mêmes chevaux,

Le plaisir d'être réunis, le sentiment d'une entière liberté étaient bien un adoucissement à toutes ces fatigues. L'heureux caractère des princes les leur faisait supporter avec courage, quelquefois même gaiement. Le duc de Montpensier esquissait les plus beaux points de vue, et vous avez pu voir quelques-uns de ses tableaux dans la galerie de

» excepté les cent dernières lieues que nous avons faites, partie par
» eau, partie à pied, partie sur des chevaux de louage, et partie en
» stage ou voiture publique. Nous avons vu beaucoup de sauvages,
» et nous sommes même restés plusieurs jours dans leurs pays; ce
» sont en général les meilleurs gens du monde, excepté lorsqu'ils
» sont ivres ou excités à la colère. Ils nous ont reçus à merveille,
» et notre qualité de Français a beaucoup contribué à cette bonne
» réception; car ils aiment infiniment notre nation. Ce que nous
» avons vu de plus intéressant après eux, a certainement été la cas-
» cade du Niagara, vers laquelle je vous mandais de Pittsbourg
» que nous allions nous diriger; c'est le spectacle le plus imposant,
» le plus majestueux que j'ai jamais vu; sa hauteur est de 137
» pieds, et son volume d'eau est immense, puisque c'est le fleuve
» Saint-Laurent qui se précipite tout entier en cet endroit; j'en ai
» pris une esquisse, et je compte en faire une gouache que ma
» chère petite sœur verra sûrement chez notre tendre mère; mais
» elle n'est pas encore commencée, et me prendra beaucoup de
» temps, car ce n'est, en vérité, pas un petit ouvrage.

son frère. Le duc d'Orléans observait, étudiait, réfléchissait sur tout. Le plus jeune des trois, le comte de Beaujolais, charmait les haltes et abrégeait les ennuis de la route par la gaieté de son caractère et l'enjouement de son esprit.

Les princes rencontrèrent quelquefois dans ces savanes des tribus plus hospitalières que celles dont

» Pour vous donner une idée de la manière agréable dont on » voyage en ce pays, je vous dirai, chère sœur, que nous avons » passé quatorze nuits dans les bois, dévorés par toutes sortes » d'insectes, souvent trempés jusqu'aux os, sans pouvoir nous sé- » cher, et n'ayant pour toute nourriture que du lard, quelquefois » un peu de bœuf salé et du pain de maïs; indépendamment de » cela, quarante ou cinquante nuits dans de mauvaises cabanes où » nous devions coucher sur un plancher composé de bûches bien » inégales, sans parler des humeurs et des *grognasseries* des habi- » tans qui nous fermaient la porte au nez, ou dont l'hospitalité » était souvent bien maussade. Non! jamais, je le déclare, je ne » conseillerai un semblable voyage à qui que ce soit; cependant » nous sommes loin de nous repentir de l'avoir fait, puisque nous » en avons rapporté tous trois d'excellentes santés, et nécessaire- » ment quelques connaissances de plus.

» Adieu, sœur bien chérie, bien aimée, bien tendrement aimée : » recevez les embrassemens de trois frères dont les pensées sont » continuellement à vous. »

se plaignait le duc de Montpensier : généralement les sauvages leur paraissaient gens assez traitables lorsqu'ils n'étaient pas ivres. Leur titre de Français leur donna souvent aussi des droits à une bienveillance particulière : ils trouvèrent jusqu'à des respects et des hommages dans la tribu des Cherakis.

Ils y étaient arrivés après une pénible journée : le duc d'Orléans, fatigué de la route, se saigna, à la grande surprise de ceux qui l'entouraient.

Le prince leur fit comprendre que cette opération le soulageait : il arrêta son sang, referma la veine, et montra qu'il ne souffrait plus. On le conduisit alors chez un vieillard, et on lui fit signe de le saigner aussi pour le guérir ; le remède fut également salutaire, et le vieux sauvage se trouva mieux. La surprise des Indiens se changea alors en admiration. Il ne tint qu'au duc d'Orléans de devenir l'Esculape de leur mythologie. Il refusa les hommages divins, mais il ne put se soustraire à un honneur unique que les mœurs de ces peuples n'accordent qu'à leurs visiteurs de la plus haute distinction. Il est d'usage dans ces tribus que la famille tout entière couche sur une même natte, où tous les parens sont rangés par ordre d'âge et de rang. Pour reconnaître le service que le prince avait rendu au grand-père, on lui permit de passer la nuit sur la natte de famille, entre la grand'mère et la grand'tante; faveur respectable sans doute, mais qu'on apprécie mal à vingt ans!

Le duc d'Orléans a conservé long-temps avec soin la lancette qui lui avait été si utile dans ses voyages : c'est la même, je crois, dont Louis-Philippe a fait récemment cadeau à un étudiant, qui s'est empressé de déposer au Musée de l'École de Paris cet instrument auquel se rattachent pour notre roi de lointains souvenirs.

Les accidens variés d'un tel voyage, le plaisir qu'il avait à s'instruire, effaçaient presque entièrement de son ame le souvenir de sa grandeur, de sa fortune passée : ce qu'il en regrettait seulement, c'était le pouvoir de faire des heureux. Le sort parut une fois vouloir l'en consoler, en le chargeant, pour ainsi dire, de porter bonheur à l'un de nos compatriotes, qui, fuyant aussi son pays, était allé s'établir près du lac Ontario. Il l'avait reconnu à son costume, à son langage; mais après quelques mots d'entretien, le duc d'Orléans remarqua avec surprise que ce Français était moins occupé à l'écouter qu'à le regarder. Il en demanda la cause, « Ah ! Monseigneur, répondit-il, ce n'est pas vous que je regarde, c'est votre chapeau, si je l'avais seulement pour un instant, ma fortune serait faite. — Eh bien ! faites votre fortune, dit le prince en souriant. » En même temps il lui confia son chapeau. Le chapelier, car c'en était un, sauta de joie, prit la forme et le modèle du chapeau, et le remercia comme s'il eût reçu un trésor.

Le hasard fit que plus tard, c'était à la Havane, les princes rencontrèrent le même homme à la tête d'une riche fabrique : « C'est à vous, dit-il au duc, c'est à votre chapeau que je la dois. J'en ai fait sur le même modèle, et tout le monde a voulu porter des chapeaux à la française, à la *duc d'Orléans*. Aujourd'hui, si j'avais de l'eau dans mon habitation, mes travaux seraient doublés. Il y a long-temps que j'en cherche en vain; mais à présent, il en viendra peut-être, car votre présence me porte bonheur. » Et en effet, cette prévision s'accomplit, et le chapelier devint millionnaire.

A peine les princes étaient-ils revenus à Phila-elphie que la fièvre jaune se déclara dans cette ille. N'ayant pas de moyens d'existence suffisans our quitter de nouveau ce séjour devenu pesti-entiel, ils restèrent exposés aux atteintes de ce mal ortel. Ils y échappèrent heureusement; mais ce e fut qu'au mois de septembre suivant que leur ère, réintégrée momentanément dans ses biens, ut leur procurer des ressources assez étendues, our leur permettre d'entreprendre un nouveau oyage.

Ce fut à Boston qu'ils apprirent par les papiers ublics que leur mère avait été déportée. Ils revin-ent sur-le-champ à Philadelphie; et là, informés ue madame la duchesse d'Orléans était en Espagne, s n'eurent plus d'autre pensée que celle d'aller la ejoindre; mais la guerre entre l'Espagne et l'An-leterre leur opposait en ce moment des obstacles nsurmontables. Ils résolurent cependant de se ren-re à la Louisiane, qui faisait encore partie des états u roi d'Espagne, et de passer de là à la Havane. ette colonie expédie de temps en temps en Eu-ope des bâtimens de guerre espagnols, et les jeunes princes se flattaient qu'on ne leur refuserait pas l passage.

Ils partirent de Philadelphie, regrettés de tou ceux qui les avaient connus, on eût voulu les re tenir, surtout au moment où la saison n'était nul lement favorable. Les glaces rendaient la navigatio des fleuves dangereuse et difficile. Les jeune princes mirent plus de deux mois à descendre l'O hio et le Mississipi, et n'arrivèrent à la Nouvelle Orléans qu'en 1798.

J'ai vu plus d'une fois au Palais-Royal M. de Ma rigny, de la Nouvelle-Orléans, avec lequel le princ aimait à se rappeler cette époque de sa vie.

Ils y reçurent du gouverneur et des habitan un accueil rempli d'égards et de bienveillance mais tous leurs vœux étaient tournés vers l'Espagne et l'impatience avec laquelle ils attendaient une cor vette espagnole qui devait les transporter à la Havane, les empêchait de sentir tout le prix de cette hospitalité. Fatigués d'attendre, ils se décidèrent à s'embarquer sur un vaisseau espagnol qui mit un pavillon américain en pleine mer.

Au milieu du golfe du Mexique, ils furent rencontrés par une frégate anglaise qui avait arboré le pavillon tricolore. Après quelques coups de canon, ils amenèrent, non sans une certaine inquiétude de la part du duc d'Orléans et de ses frères, qui pour la première fois redoutèrent ces trois couleurs qui leur faisaient craindre de tomber entre les mains du gouvernement français. Retirés tous trois dans la cabine, ils se concertèrent sur ce qu'ils devaient dire et faire, lorsque du pont on leur cria en anglais : « Allons ! il faut nous suivre. » En effet la frégate était anglaise, et cette découverte rassura un peu les jeunes princes. « Dieu sait cependant, disait le duc de Montpensier, où ils vont nous mener maintenant; peut-être vont-ils nous faire faire le tour du monde. »

Et d'abord ils n'eurent pas trop à se louer de la politesse un peu marine de messieurs les Anglais. Le duc d'Orléans dit alors au lieutenant du vaisseau : « Allez dire à votre capitaine que je suis le duc d'Orléans, et que je suis ici avec mes deux frères, le duc de Montpensier et le comte de Beaujolais. » Frappé d'étonnement, l'officier va rendre compte de cette nouvelle au capitaine Cochrane, qui les fit assurer qu'ils seraient bien reçus à son bord. Pour y arriver il fallait y monter par une corde, cette corde maladroitement jetée de la frégate fit tomber le duc d'Orléans à la mer; il fut donc obligé d'y aborder à la nage, et il y arriva tout mouillé. Le capitaine Cochrane, aujourd'hui amiral, qui en ce moment même est, je crois, à Paris, reçut les trois princes avec les plus grands égards, et leur fit donner une sérénade : « Vous alliez à la Havane, leur dit-il, je vais vous y conduire sans débarquer moi-même; je vous dois au moins ce petit service pour l'ennui que je vous ai causé en interrompant votre route. »

A la Havane les jeunes princes ne trouvèrent aucun moyen de passer en Europe : mais les habitans semblèrent, par compensation, prodiguer toutes les attentions pour rendre leur séjour agréable. Le commandant militaire, père de la jolie madame Merlin, leur montra toutes sortes d'égards, et chercha par des plaisirs, par des fêtes, à leur faire oublier les fatigues et les peines d'un trop long exil.

Mais le gouvernement de Madrid était tout dévoué à l'émigration, à cette royauté de Coblentz qui se flattait d'avoir eu le pouvoir de faire expier à Bailly le serment du Jeu de paume, à Philippe-d'Orléans son attachement à la révolution. Dans ces dispositions le gouvernement espagnol ne pouvait se faire le protecteur des trois exilés : d'ailleurs naturellement soupçonneux et inquiet de l'esprit qui tourmentait la Havane, il ne pouvait voir sans ombrage la présence d'un prince français, dont l'épée n'était pas restée oisive dans la cause de la liberté. Aussi un ordre, parti d'Aranjuez, prescrivit-il au capitaine-général de la Havane de reléguer les trois frères à la Nouvelle-Orléans, sans leur assurer aucun moyen d'y subsister.

Vous pensez bien qu'ils refusèrent une telle hospitalité; ce fut alors que dans leur détresse ils jetèrent les yeux sur l'Angleterre, le seul asile qui leur parut ouvert à leurs infortunes. Un parlementaire espagnol les transporta d'abord aux îles anglaises de Bahamas, puis à Halifax, où le duc de Kent, l'un des fils du roi d'Angleterre, les reçut avec la plus généreuse hospitalité, mais ne voulut pas toutefois prendre sur lui de leur accorder passage pour l'Angleterre.

Nos trois exilés, habitués à de tels obstacles, ne perdirent point courage : un petit bâtiment les transporta à New-York. Tant de fatigues, tant de contrariétés n'avaient point altéré leur douceur, leur admirable courage; l'espoir d'être bientôt embarqués sur un paquebot pour Falsmouth, de saluer de loin les côtes de la France, et d'embrasser enfin leur mère, leur fit quitter sans regrets cette terre des États-Unis, où pourtant ils avaient trouvé asile et protection. C'est en février, je crois, qu'ils arrivèrent à Londres. »

— J'y étais à cette époque, s'écria un garde national, jaloux de payer son tribut à cette royale Odyssée; et je réclamerai la parole lorsque nous aurons vidé nos verres; mais pour cette fois, je demande que l'on unisse dans le toast, au nom de Louis-Philippe, ceux de Lafayette et de Washington. » On adopte, on boit, et le narrateur commence :

# CINQUIÈME TOAST.

ANGLETERRE. — SICILE.

« Lorsque le duc d'Orléans avait été obligé d'aller au-delà des mers chercher un asile contre la proscription et la haine de deux partis, c'était avec la cocarde tricolore qu'il avait débarqué à Philadelphie. A Londres, au sein de l'émigration, il ne suivit jamais un étendard qui n'était pas celui de la France. Mais la contre-révolution semblait avoir épuisé ses derniers efforts, c'était un parti vaincu ;

le duc d'Orléans crut pouvoir alors renouer des liaisons qui n'étaient plus que des liens de famille; il ne vit dans les chefs de l'émigration que des exilés comme lui. Louis XVIII était alors en Pologne, le comte d'Artois à Londres : ce fut donc avec ce prince que le duc d'Orléans eut sa première entrevue. « Le roi sera charmé de vous revoir, lui dit *Monsieur;* mais avant tout, il est nécessaire que vous lui écriviez. » Le duc d'Orléans n'y trouva aucun inconvénient. Sa lettre était pleine de simplicité et de noblesse : il y rappelait les principes qu'il a professés toute sa vie. Le comte d'Artois eût voulu y voir autre chose. Il s'en expliqua : « Vous auriez dû, disait-il, parler au roi de *vos* erreurs. — Des erreurs, répondit le duc en souriant, j'ai pu en commettre, mais vous, n'en avez vous pas commis aussi? il aurait donc fallu dire *nos* erreurs, et ce n'eût été ni poli pour les autres, ni noble pour moi-même. »

La lettre fut donc envoyée telle qu'elle avait été faite. Le prince n'y reconnut pas comme des erreurs son amour pour la France, son sang versé pour la république, son refus de servir sous les drapeaux de Condé. Louis XVIII, homme d'esprit et de tact, répondit de très-bonne grâce, sans rien écrire de son côté qui pût choquer les sentimens du duc d'Orléans.

Établir sa position vis-à-vis des princes de la branche aînée de sa famille, tel avait été l'unique but du duc d'Orléans. Le comte d'Artois en avait un autre : il voulait à toute force décider son cousin à se joindre à l'armée de Condé: c'était là sa marotte, il lui en parlait sans cesse. Inébranlable sur ce point, le duc d'Orléans, pour échapper à ce nouveau genre de persécution et pour satisfaire à un de ses vœux les plus ardens, demanda au gouvernement anglais les moyens d'aller voir sa mère, qu'il croyait alors à Barcelonne. Il voulait aussi l'engager à régler son avenir et le sien, et à aller s'établir ensemble dans quelque contrée paisible.

La guerre entre l'Espagne et l'Angleterre opposait de grands obstacles à cette réunion ; cependant il obtint d'être transporté par une frégate anglaise dans l'île de Minorque, d'où il pourrait gagner l'Espagne. A peine fut-il arrivé au premier terme de son voyage, qu'il apprit que cette île devait être le point de réunion entre l'armée anglaise et celle des émigrés. On profita de cette circonstance pour faire auprès de lui de nouveaux efforts, mais il resta fidèle à ses opinions. Le premier consul, vainqueur à Marengo, avait anéanti les dernières espérances de la contre révolution. L'armée de Condé fut dès lors obligée de se replier en Allemagne avec les débris des forces autrichiennes; et l'émigration, cessant d'être soldée par les puissances étrangères, demeura sans force et sans appui.

De Minorque à Barcelonne, le prince faillit à être pris par une corvette anglaise. Arrivé dans la rade de cette dernière ville, des motifs indépendans de sa volonté le condamnèrent encore aux regrets de ne pouvoir embrasser une mère dont il était séparé depuis si long-temps. Le seul fruit qu'il retira de son voyage, ce fut d'obtenir de sa mère, par correspondance, que mademoiselle d'Orléans, sa sœur, fût rappelée auprès d'elle, en Espagne, ainsi qu'elle en avait exprimé le désir à ses frères dans une lettre qu'ils avaient reçue à leur arrivée à Londres.

Cette jeune princesse, après avoir séjourné à Bremgarten, comme vous l'a dit notre camarade, puis dans un couvent de Fribourg, quitta la Suisse au moment où Masséna y entrait avec une armée victorieuse. Elle suivit en Allemagne la princesse de Conti, sa tante, qui l'avait prise sous sa garde, et depuis ce temps, toutes deux séjournaient en Hongrie; où, comme bien vous pensez, les jours de mademoiselle d'Orléans s'écoulaient tristement, loin d'une famille et d'une patrie qu'elle n'a jamais séparées dans ses affections.

De retour en Angleterre, le duc d'Orléans s'établit avec ses frères dans un modeste asile à Twickenham, sur les bords de la Tamise. Visités par beaucoup d'anciens amis, de vieux serviteurs, les princes accueillaient tous les Français avec joie; et, malgré leur modique fortune, la bienfaisance embellissait souvent encore leur modeste retraite.

Un jour ils reçurent la visite du comte d'Artois, qui, poursuivi par son idée fixe, renouvela ses instances en faveur de l'armée de Condé éteinte déjà en partie, avec de nouvelles recommandations faites au nom de certains émigrés, dont le duc d'Orléans avait refusé de faire sa société; car jamais il ne porta la cocarde blanche, jamais il ne se rallia à ceux qui se donnaient hautement comme les ennemis de la

France. Sur ce point, toutes les instances du comte d'Artois furent inutiles.

On fit jouer alors un autre ressort, car on tenait singulièrement à une démonstration publique de sa part en faveur de la royauté exilée. Louis XVIII lui écrivit de Varsovie qu'il désirait beaucoup le voir, et s'entretenir avec lui de la situation de l'Europe et surtout de celle de la France. Cette conférence, dont le siége fut soudain transféré à Mittau, et à laquelle étaient invités aussi le comte d'Artois et le prince de Condé, devait avoir lieu sous les auspices de la cour de Suède. Cette circonstance décida le duc d'Orléans; il refusa l'invitation, et laissa partir le comte d'Artois seul. Plus tard, il eut occasion d'apprendre que le ministère anglais et le général Woronzoff, alors ambassadeur de Russie à Londres, ne se souciaient pas beaucoup qu'il fît partie de ce petit congrès de famille. « Vous avez bien fait, lui dit à quelque temps de là un ministre anglais, de vous décider vous-même à ne pas partir, car notre gouvernement ne vous l'aurait pas permis. » Ainsi l'on savait déjà reconnaître l'influence qu'auraient pu donner au duc d'Orléans les souvenirs de sa jeunesse, son courage et l'inébranlable fermeté de ses opinions.

Le prince se renferma donc de nouveau dans sa retraite de Twickenham. Là, le nom du duc d'Orléans, ses vertus, ses malheurs, le charme aventureux de ses voyages le rendaient l'objet d'un intérêt général. Il visitait aussi tout ce qui fixe la curiosité des étrangers, soit en Angleterre, soit en Écosse; il portait ses regards sur les monumens publics, sur les établissemens de l'industrie; il s'instruisait avec empressement sur l'économie politique du pays, et surtout dans l'étude de ces lois sur lesquelles sont si bien établies et les libertés publiques et la sécurité individuelle. Le gouvernement anglais le traitait avec autant d'estime que de distinction, et paraissait fort satisfait que ce prince, se renfermant dans ses souvenirs, menât dans sa retraite une vie paisible, exempte d'ambition et conforme à la position où le sort l'avait placé.

Ce tranquille bonheur fut troublé par la mort du duc de Montpensier. Ce jeune prince, comme vous le savez, avait été long-temps enfermé dans des prisons; sa santé s'y était altérée, et les souffrances de sa jeunesse contribuèrent, plus tard, à l'enlever au tendre attachement de ses frères (1).

(1) Le duc de Montpensier est enterré à Westminster. Dans son dernier voyage en Angleterre, en 1829, son frère a fait remplacer par un monument plus digne de son rang le marbre tout simple qui marquait la tombe d'un prince français. Voici l'épitaphe qui fut placée sur son tombeau par les soins du duc d'Orléans, qui l'a composée avec le général Dumouriez :

PRINCEPS ILLUSTRISSIMUS ET SERENISSIMUS
ANTONIUS-PHILIPPUS, DUX DE MONTPENSIER,
REGIBUS ORIUNDUS,
DUCIS AURELIANENSIS FILIUS NATU SECUNDUS,
A TENERA JUVENTUTE
IN ARMIS STRENUUS,
IN VINCULIS INDOMITUS,
IN ADVERSIS REBUS NON FRACTUS,
IN SECUNDIS NON ELATUS,
ARTIUM LIBERALIUM CULTOR ASSIDUUS,
URBANUS, JUCUNDUS, OMNIBUS COMIS;
FRATRIBUS, PROPINQUIS, AMICIS, PATRIÆ
NUNQUAM NON DEFLENDUS,
UTCUNQUÈ FORTUNÆ VICISSITUDINES
EXPERTUS

Le comte de Beaujolais, qui avait habité avec lui les cachots de Marseille, semblait atteint du même mal. Les médecins de Londres lui conseillèrent de se transporter dans un climat plus doux que celui de l'Angleterre; le comte semblait regarder ce voyage comme inutile : « Je sens, dit-il, que ma vie va finir comme celle de mon frère; à quoi bon aller chercher si loin un tombeau, et perdre la consolation de mourir dans cette retraite, où nous avons enfin trouvé le repos? Restons sur cette terre hospitalière; là du moins je pourrai mourir dans tes

LIBERALI TAMEN ANGLORUM HOSPITALITATE
EXCEPTUS,
HOC DEMUM IN REGUM ASYLO
REQUIESCIT.

---

NAT. III JULII M. DCC. LXXV.
OB. XVIII MAII M. DCCC. VII. ÆTAT. XXX.
IN MEMORIAM FRATIS DILECTISSIMI
LUDOVICUS-PHILIPPUS, DUX AURELIANENSIS,
HOC MARMOR POSUIT.

as, et reposer auprès d'une cendre amie. » Af-
gé de ces tristes pressentimens, le duc d'Orléans
sista pour que son frère se conformât aux avis qui
étaient donnés. « Tu me suivras donc, dit le
nce, car il me serait impossible de me séparer
core une fois de toi : avec toi, je puis consentir
ce voyage. »

Le duc se rendit à ce désir avec un douloureux
pressement, et les deux frères s'embarquèrent
ur Malte. Le climat de cette île parut d'abord
ndre quelques forces au jeune malade; mais cet
ureux changement dura peu : les plus funestes
aintes remplacèrent bientôt l'espoir qu'avait-
açu le prince. Un docteur anglais déclara de
uveau que le climat était mauvais, et conseilla
transporter le comte de Beaujolais sur l'Etna.
duc d'Orléans s'empressa d'écrire au roi de Si-
e pour en obtenir la permission; mais avant qu'il
pu recevoir de réponse à cette lettre, le comte
Beaujolais avait cessé de vivre.

C'était un prince d'une charmante figure, d'une
abilité toute gracieuse, d'une gaieté spirituelle; il
it beaucoup de courage, et aussi quelque chose

de cette étourderie qui caractérise la nation fr çaise. »

— C'est bien vrai, interrompit en cet endroi caporal qui s'était fait l'historien de Jemmape de Nerwinde; car je me souviens qu'au camp Boulogne, lorsque nous nous préparions à faire descente en Angleterre, on dit qu'il aborda la et resta vingt-quatre heures déguisé dans le cam

— Ceci n'est pas exact, ajouta un autre ga national, quoiqu'on l'ait souvent répété et que l ait ajouté même que cette circonstance avait pour le général Clarke l'occasion d'une verte primande de la part de Napoléon; ce qu'il de vrai, c'est qu'un soir à l'Opéra de Londres, dit au comte de Beaujolais qu'un brick al partir pour examiner les préparatifs qui se faisai à Boulogne : il voulut aussitôt être de la partie. chercha en vain à l'en détourner, à lui montre danger d'une mort inutile si le brick venait à ê pris ou coulé. « Eh bien, soit! dit il; j'aurai aper du moins encore une fois les rivages chéris de ce France que je suis condamné à ne plus revoir. »

persista dans son projet, et l'exécuta heureusement, et sans danger. »

Ce trait ne fit qu'ajouter encore à l'intérêt qu'inspiraient deux jeunes princes moissonnés ainsi à la fleur de l'âge, et que leurs qualités, leurs talens rendaient si dignes de prendre une part noble et active aux grands événemens que nous réservait l'avenir.

«Le gouverneur anglais de l'île de Malte, reprit le narrateur, fit rendre aux restes du jeune comte de Beaujolais les plus grands honneurs. Ceux d'entre vous qui ont visité les appartemens du Palais-Royal ont même dû y voir un dessin représentant dans toute sa pompe cette triste cérémonie. Le duc d'Orléans ne put supporter une seconde fois le spectacle douloureux auquel le condamnait la perte du dernier de ses frères, séparation doublement cruelle, après tant d'infortunes supportées ensemble. Il s'arracha des lieux qui sans cesse lui rappelaient ses regrets, et il s'embarqua pour Messine.

Il y reçut, dans les termes les plus flatteurs, une invitation de se rendre à la cour de Ferdinand IV, retiré alors à Palerme, car Murat régnait à Naples;

il s'y rendit, et fut fort bien accueilli par la reine Marie-Caroline. Cette princesse, qui avait entendu parler avec éloges de ses premiers faits d'armes, crut d'abord que dans sa position difficile, sans cesse en garde vis-à-vis d'un ennemi entreprenant comme Joachim, il lui serait utile d'attacher à sa famille un jeune prince français, déjà cité pour son courage et ses talens militaires. Cette combinaison toute politique fut peut-être la première pensée d'une alliance que le prince ambitionna bientôt par des motifs plus doux.

Le roi Ferdinand, qui avait aussi conçu de lui une haute idée, le pria de vouloir bien servir de guide et de mentor à son second fils Léopold, qu'il envoyait en Espagne pour y faire ses premières armes dans la lutte qui venait de s'engager entre la nation espagnole et l'empire français, lutte devenue depuis si fatale. Le duc d'Orléans s'y prêta volontiers, et, du consentement de l'ambassadeur anglais, les deux princes s'embarquèrent pour l'Espagne. Mais telles étaient les vues égoïstes de l'Angleterre sur la Péninsule, qu'elle ne permettait pas qu'aucune autre influence s'y fît sentir que la sienne;

et le gouverneur de Gibraltar, pénétré de l'esprit de son gouvernement, déclara aux princes qu'il ne les laisserait point entrer en Espagne. Le jeune Sicilien fut retenu à Gibraltar, et le duc d'Orléans fut conduit en Angleterre par le même vaisseau qui l'avait amené de Palerme.

Arrivé à Londres, il se plaignit de cette violence, mais il apprit que la conduite du gouverneur de Gibraltar avait été toute conforme aux vues de la politique du cabinet anglais. Le prince insista pour n'être point retenu, et pouvoir du moins aller retrouver sa mère, qui était à Figuières. Il avait obtenu, non sans difficulté, de sortir d'Angleterre sur une frégate dont le commandant avait ordre de le conduire à Malte, et il allait s'embarquer à Portsmouth, lorsqu'il y fut rejoint par la princesse sa sœur, qui l'avait vainement cherché dans tous les lieux qu'il parcourait depuis plus de six mois.

Il y avait seize ans qu'ils s'étaient séparés à Bremgarten; et, depuis cette époque, que de nouvelles infortunes! que de traverses n'avaient-ils pas essuyées! que de larmes au milieu de la joie que devait leur causer une réunion si long-temps desirée! La princesse voulut suivre désormais la fortune de son frère, et tous deux s'embarquèrent pour Malte, où ils arrivèrent, je crois, vers 1809. Un seul désir restait au duc d'Orléans : il lui semblait qu'il eût facilement oublié toutes ses peines s'il avait pu embrasser sa mère. Il lui écrivit aussitôt, et lui envoya le chevalier de Broval pour tâcher d'arranger une entrevue avec elle; mais les obstacles se multiplièrent au lieu de s'aplanir.

Dans ces circonstances, le duc d'Orléans crut devoir de nouveau se rendre à la cour de Palerme; les choses y avaient changé de face : le même esprit d'émigration, qui depuis tant d'années n'avait point cessé de lui susciter partout des embarras ou des ennemis, l'avait poursuivi jusqu'à Palerme. On l'avait calomnié dans cette cour aux yeux de la reine, qui d'abord l'avait reçu comme un fils; on avait été jusqu'à dire qu'il avait voté la mort de Louis XVI. Le prince n'eut pas de peine à confondre de telles calomnies; il parvint aussi à dissiper des préventions qui l'affligeaient doublement, et le projet d'alliance un instant interrompu fut repris de nouveau.

Ferdinand IV et Murat s'appelaient alors tous

deux roi des Deux-Siciles ; ce titre annonçait l'intention bien formelle de déposséder un rival et d'étendre un droit reçu de la naissance ou de la victoire, à tout le royaume dont chacun d'eux n'occupait qu'une partie. La Sicile était protégée contre les attaques du beau-frère de Napoléon, par une flotte et un corps de troupes anglaises ; mais la reine Marie-Caroline était persuadée que la politique du cabinet de Saint-James était opposée à son rétablissement sur le trône de Naples, car, suivant elle, cette restauration aurait empêché les Anglais de tenir sous leur domination la Sicile ; aussi ne s'occupait-elle que des moyens de contre-balancer leur influence, et surtout de reprendre sans eux ou malgré eux le royaume de Naples. Le duc d'Orléans était un chef militaire qu'elle désirait vivement attacher à sa cause. Cette raison fit disparaître toute espèce de doute et de scrupule ; elle consentit à lui donner en mariage la princesse Amélie, qui avait fixé les regards et le cœur du prince.

L'éducation de cette princesse avait été confiée à une femme d'un grand mérite. Madame d'Ambrosio avait su développer dans son élève ces nobles et simples vertus qui devaient être l'ornement d'un trône. Elle éclaira sa raison, et la fortifia par une piété sans faste comme sans préjugés. La princesse Amélie avait à peine dix ans, lorsqu'en 1792 une flotte française, commandée par l'amiral Latouche-Tréville, répandit l'effroi à la cour du roi son père. Six ans après, elle avait été obligée de fuir avec ses parens devant l'armée victorieuse du général Championnet : elle n'avait pu que les consoler par sa tendresse, par l'exemple de sa piété et de sa résignation. Il était dans sa destinée de devenir la compagne et la consolation d'un autre exilé.

Une sorte de conformité de malheurs, et encore plus un même courage, une même force d'ame, une résignation également noble et généreuse, ajoutaient encore, pour le duc d'Orléans, aux sentimens que lui inspiraient les vertus et les qualités de la princesse.

Le duc désirant avant tout que sa mère fût témoin de cette union, lui demanda de nouveau une entrevue soit en Sicile, soit en Sardaigne. Il alla lui-même l'attendre à Cagliari, mais ce fut vainement, et désespérant de la voir, il fit voile pour Palerme. Dans cette traversée, il fut signalé par un corsaire barbaresque, et il faillit à être pris; il eût été singulier que celui qui, comme Regnard, avait pu écrire son nom sur les glaces du cap Nord, allât aussi, comme l'auteur du *Légataire*, ramer sous les Maures. Mais vous avouerez, messieurs, qu'il vaut mieux avoir un jour heureux de plus dans sa vie qu'une page intéressante dans son histoire.

Il désespérait de voir réuni ce qui restait de sa famille, lorsque sa mère et sa sœur vinrent le rejoindre, et purent ainsi être témoins de son mariage.

Cependant la lutte commencée en Espagne continuait toujours entre la liberté et l'invasion. La régence de Cadix crut devoir invoquer, au nom de l'indépendance d'une grande nation, l'appui des talens et de l'épée du duc d'Orléans.

Il était dans sa maison de Bagaritta, lorsque M. Carnero, un des membres des Cortès, vint sur un vaisseau espagnol lui apporter le vœu de sa patrie. Le duc d'Orléans accepta cette mission proposée au nom de la liberté.

Arrivé à Cadix, il débarqua avec les honneurs dus à son rang; la régence le reçut en audience publique; mais après cette cérémonie, après quelques jours passés à visiter la position militaire de l'île de Léon, il eut lieu de s'apercevoir que ses efforts seraient plus que contrariés. L'Angleterre, qui voulait dominer et diriger seule toutes les affaires et tous les intérêts, craignait l'influence de ses principes et de sa valeur. L'amiral anglais fit connaître au prince qu'il avait ordre de le faire conduire en Angleterre; il protesta contre cet acte de violence; il voulut s'en expliquer publiquement avec les Cortès, et il se transporta à cet effet dans l'île de Léon. Mais ce jour-là il y avait comité secret, et l'influence anglaise l'emporta. La seule chose qu'il obtint fut d'être transporté à Palerme; car il voulait y embrasser le fils que la duchesse venait de mettre au jour: c'est notre prince royal, notre camarade et l'espoir de la France de juillet.

La vie du duc d'Orléans s'écoulait tranquille; il jouissait enfin de ce repos qui avait semblé le fuir pendant si long-temps; mais c'était au milieu des grands événemens de 1812, 1813, et le prince, tout français de cœur, souffrit plus d'une fois de l'inaction à laquelle il était condamné, lorsque s'agitaient les destins de l'Europe et de sa patrie. La France envahie par les alliés, Napoléon repoussé jusqu'au cœur de ses états, était et devait être un sujet de joie pour la cour de Palerme. Elle appelait de tous ses vœux le moment où, avec l'empereur, tomberait l'heureux lieutenant à qui le nouveau Charlemagne avait donné la plus belle moitié des Deux-Siciles; et les émigrés qui s'étaient réfugiés dans cette cour partageaient les mêmes espérances: le duc d'Orléans ne voyait que la France envahie, sa gloire militaire humiliée, et ces regrets combattaient le plaisir qu'il entrevoyait à retrouver sa patrie.

Au mois de mars 1814, arrive à Palerme un officier venant de Châtillon-sur-Seine. Depuis longtemps on était sans nouvelles: aussi de tous côtés le questionne-t-on avec avidité. Suivant ses rapports, les alliés avaient renoncé à l'invasion, la paix était conclue, et Napoléon restait sur le trône.

Grande fut la surprise de la cour de Sicile à ce récit; des rapports antérieurs lui avaient donné lieu d'attendre un tout autre résultat. Tous ceux qui avaient fondé tant d'avenir sur la chute de Napoléon ne purent se défendre d'un vif chagrin. Le duc d'Orléans se voyait par là rejeté de nouveau dans l'exil, par là il s'élevait entre lui et son ancienne fortune une barrière désormais insurmontable; mais, au fond du cœur, tout cela ne put l'empêcher d'éprouver comme Français un moment de joie et d'orgueil pour la patrie. Nous savons tous, camarades, ce qu'il y avait de vrai dans ces nouvelles, et comment l'empereur paya son refus de faire la paix avec l'Europe.

Au 23 avril on ignorait encore à Palerme les grands événemens qui s'étaient accomplis à Fontainebleau. Au milieu de l'incertitude et de la curiosité générale, on annonce l'arrivée d'un vaisseau anglais : le duc d'Orléans court en toute hâte à l'hôtel de la marine, où logeait l'ambassadeur. Celui-ci, aussitôt qu'il l'aperçoit : « Que je vous fasse compliment, lui dit-il, Napoléon est déchu, et les Bourbons sont replacés sur le trône de leurs pères. » Frappé d'étonnement à cette nouvelle, agité par mille sentimens divers, le duc ne pouvait y croire; il fallut, pour le convaincre, lui montrer *le Moniteur* que venait d'apporter le même vaisseau.

Le prince en porta la nouvelle au palais. Le roi de Naples la reçut avec enthousiasme. « Que tous mes canons signalent un si beau jour! s'écria-t-il, et remercions aujourd'hui le ciel, la face sur terre.» Cette joie était naturelle dans le roi de Naples, chassé deux fois de ses états par deux invasions françaises. Le prince français ne pouvait accepter avec le même plaisir l'idée de tous les sacrifices imposés à la France, et malgré le bonheur de revoir son pays, il ne pouvait se défendre d'une secrète douleur en songeant que les étendards étrangers avaient reparu les plus forts dans ces plaines où il les avait vus fuir naguère devant le drapeau tricolore.

Dès le lendemain, le commandant du vaisseau anglais qui avait apporté cette nouvelle vint trouver le duc d'Orléans : « Je suis envoyé près de votre Altesse, lui dit-il, par l'amiral William Bentink (c'est aujourd'hui le gouverneur général des Indes). Il est à Gênes, dont il vient de s'emparer; mais ses ordres sont que, si votre intention est de rentrer en France, je sois à votre disposition. » L'idée de revoir la patrie l'emporta sur tout autre sentiment dans l'esprit du duc d'Orléans, et il partit aussitôt, suivi seulement de White, encore aujourd'hui son valet de chambre.

Arrivé à Paris, il descendit à l'hôtel Grange-Batelière; car le Palais-Royal n'était pas libre. Son premier soin fut pourtant d'aller visiter la demeure de ses pères. Le suisse portait encore la livrée impériale, et fit de grandes difficultés pour laisser pénétrer dans l'intérieur cet étranger qu'il ne connaissait pas. A l'aspect de ce palais, qui lui rappelait tant de souvenirs, le duc d'Orléans ne put commander à sa profonde émotion. Il tombe à genoux, les larmes aux yeux, et baise les marches du grand escalier. Le suisse qui l'examinait le prit pour un fou; il apprit bientôt que c'était le duc d'Orléans. Je vous laisse à penser quels sentimens de crainte et d'attendrissement l'agitèrent alors.

Le prince se présenta le lendemain aux Tuileries en costume sicilien, car il n'avait pas encore eu le temps d'en prendre un nouveau. Louis XVIII le reçut avec bienveillance : « Il y a vingt-cinq ans, lui dit-il, vous étiez lieutenant-général, vous l'êtes encore. — Sire, répondit-il, ce sera désormais avec cet uniforme que je me présenterai devant votre majesté. »

Le duc d'Orléans eut à la cour un grand succès, et il y fut reçu généralement avec une joie bien marquée. Il est cependant de ces choses qui ne s'effacent et ne s'éteignent jamais, ce sont les préjugés et les haines de la sottise; aussi les vieux émigrés laissèrent-ils voir qu'ils lui gardaient rancune; en revanche il fut salué avec plaisir par ses anciens compagnons d'armes. Lui-même était heureux de retrouver dans la cour nouvelle Macdonald, avec lequel il avait combattu à Jemmapes, et tous ces guerriers-héros de la république et de l'empire dont Louis XVIII avait adopté la gloire; le duc d'Orléans y trouvait à la fois des souvenirs et des espérances.

Son bonheur ne pouvait être complet tant que sa famille était absente. Impatient de le lui faire partager, il s'embarqua pour Palerme sur le vaisseau la *Ville de Marseille;* et quoique enceinte, madame la duchesse d'Orléans ne voulut point retarder le bonheur que son époux se promettait en habitant la France. A son retour, le duc s'établit au Palais-Royal avec sa sœur et sa femme, heureux déjà de consacrer ses soins à l'éducation d'une famille qui depuis s'est augmentée, et qui embrasse de si hautes destinées.

Mais ce repos dont il commençait à jouir allait être interrompu ; le prince devait quitter encore une fois ces beaux rivages de France, qu'il avait revus avec tant de bonheur.

Ici je suis forcé d'inviter quelqu'un de nos camarades à prendre la parole ; car les événemens qui restent à faire connaître se sont passés en France, et en partie dans l'intérieur du Palais-Royal. »

Un léger mouvement dans l'assemblée avait suivi cette conclusion du jeune narrateur ; on semblait chercher celui qui pourrait répondre à cette invitation. Tout le monde se taisait, lorsqu'au milieu du silence général le bruit du pas d'un cheval se fit entendre : c'était un officier d'état-major qui faisait sa ronde de garde. Surpris du silence inaccoutumé qui régnait dans le corps-de-garde, « Eh bien ! s'écria-t-il en entrant, qu'est-ce à dire ? Y a-t-il un tour de service extraordinaire pour le premier qui prendra la parole ? Comment ! pas d'écarté ? du punch, et il est froid ! Allons, il faut le rallumer, et boire à la santé du roi ! »

— Bien volontiers, nous vous ferons raison. »

Aussitôt un papier s'allume au bec d'une lampe; un artilleur l'approche du bol refroidi, qui soudain se colore d'une flamme vive et bleuâtre. Tandis que les verres s'emplissent, on conte à l'officier nouvellement arrivé comment on a employé la nuit déjà presque écoulée. Il applaudit, exprime le regret de n'être pas venu plus tôt mêler sa voix à celle de ses camarades, qui, sans flatterie, ont fait l'éloge du prince en se bornant à raconter sa vie.

— Il en est temps encore, repris-je : au moment où vous êtes entré, nous nous demandions qui achèverait l'histoire du prince; qui nous le peindrait au Palais-Royal, à Neuilly, au sein de sa famille, et surtout qui nous dirait ses pensées, ses émotions dans nos trois grandes journées.

— Ce sera moi, mes amis, et je le puis peut-être mieux que personne, grâce à d'augustes relations. A quelle époque en étiez-vous restés ?

— Aux cent-jours. »

L'officier prend place au milieu du cercle, et commence en ces termes :

# SIXIÈME TOAST.

« Le duc d'Orléans jouissait à peine du bonheur d'avoir revu sa patrie, que la brusque apparition de Napoléon sur le rivage de Cannes vint l'arracher aux douceurs de cette nouvelle existence. Ce fut, je crois, le 5 mars 1815 qu'il apprit le débarquement de l'empereur par le duc de Blacas, qui vint l'en informer au Palais-Royal, à onze heures du soir, par ordre de Louis XVIII. Il se rendit sur-le-champ aux Tuileries. Le roi lui parla de l'envoyer à Lyon avec le comte d'Artois. Le duc d'Orléans, qui, comme vous pensez, ne se souciait aucunement de servir sous les ordres de *Monsieur*, fit observer respectueusement au roi que dans ces graves circonstances il serait peut-être nécessaire de conserver un prince auprès de sa personne; mais, sur l'ordre formel de sa majesté, il partit le 7 mars pour Lyon, où le comte d'Artois, qui l'avait devancé, lui annonça l'entrée du prisonnier de l'île d'Elbe à Grenoble. Un grand conseil se tint chez M. Roger de Damas, où assistaient *Monsieur*, le duc d'Orléans, le maréchal Macdonald et les généraux Brayer, Parthouneaux, et Albert, trop tôt ravi au prince dont il était l'aide-de-camp, et à la France, qui aimait son courage et sa loyauté. On y discuta les moyens d'arrêter le vol de l'aigle; mais que faire contre l'entraînement général des populations qui se précipitaient au devant du drapeau tricolore? Dans la nuit suivante, on reçut l'avis que Napoléon allait faire son entrée à Lyon. Macdonald alla trouver le duc d'Orléans, et en lui annonçant cette nouvelle, « Monseigneur, dit-il au prince, il n'y a pas un instant à perdre; il faut prévenir Monsieur et le faire partir. » Tous deux ils se rendirent chez le comte d'Artois, enfoncèrent la porte de sa chambre; et le *maréchal*, ouvrant les rideaux du lit: « Levez-vous, levez-vous donc, monseigneur, Bonaparte arrive. » Ce nom était plus que suffisant pour décider le héros de Quiberon à battre promptement en retraite.

Le duc d'Orléans forcé lui-même de revenir à Paris, rencontra dans sa route le 72ᵉ d'infanterie avec le général Simmer, aujourd'hui député. « Soyez heureux, monseigneur, lui dit le général, car nous ne vous confondrons pas avec ces porteurs de cocarde blanche qui n'entendent rien au bonheur de la France. » Arrivé à Paris, sa sollicitude se porta tout entière sur sa famille; il la fit partir pour l'Angleterre, secrètement, car Louis XVIII, abusé sans doute par un espoir que le prince ne partageait pas, s'y était d'abord opposé; le duc d'Orléans comptait lui-même y retrouver plus tard un asile plus conforme à son désir de ne jamais se mêler des affaires de France qu'en France même, et avec ses compatriotes.

Le duc de Berry lui offrit alors un commandement dans le Nord, et Louis XVIII le félicita de l'avoir accepté. Avant de partir, il accompagna le roi dans sa voiture à cette séance de la Chambre des députés, où la cour allait jurer de nouveau fidélité à cette Charte, objet de la haine et de la dérision des émigrés. Louis XVIII portait ce jour-là pour la première fois la plaque de la Légion-d'Honneur, « Voyez-vous cela? dit-il en la montrant au duc d'Orléans. —

J'aurais préféré la voir plus tôt, répondit le prince; mais vaut mieux tard que jamais. »

Au retour de la séance royale, il partit pour Péronne, où le duc de Trévise le fit reconnaître des troupes. A Cambrai, à Douai, à Lille, il fut reçu avec enthousiasme, donnant partout pour instruction : « de se rallier autour de la Charte constitution-» nelle, et surtout de n'admettre sous aucun prétexte » dans nos places les troupes étrangères. » Car il n'a jamais séparé la gloire du pays de son indépendance.

Le 20 mars, pendant qu'il visitait les fortifications de la place, il vit jouer le télégraphe : celui de Lille venait de recevoir une communication, mais interrompue dès les premières syllabes. Les télégraphes sur la ligne de Lille avaient été brisés au départ du roi, mais les employés y avaient suppléé par un service à cheval. Le message de Napoléon était conçu à peu près en ces termes :

« L'empereur rentre dans Paris, à la tête des troupes qui avaient été envoyées contre lui : les autorités militaires et civiles ne doivent plus obéir à d'autres ordres que les siens, et le pavillon tricolore doit être sur-le-champ arboré. »

Le duc d'Orléans fit tenir ce message secret, et partit le 21 pour Valenciennes, qu'il revit avec joie, se rappelant qu'à l'âge de dix-neuf ans il avait commandé dans cette place lors de la formation de cette armée du Nord qui devait humilier l'orgueil du duc de Brunswick, et chasser du territoire français les Prussiens et les Autrichiens. De retour à Lille, il trouva une lettre de M. de Blacas, qui lui annonçait l'arrivée du roi à Abbeville; et le 22, à midi, Louis XVIII arriva à l'improviste à Lille. Les habitans le saluèrent par de vives acclamations, mais pas un cri ne se fit entendre dans les rangs des soldats. On m'a dit que le duc d'Orléans avait reçu, le jour même, une lettre du prince héréditaire d'Orange, qui offrait à la France l'assistance de l'armée alliée; mais qu'il l'avait remise à Louis XVIII, se contentant de répondre au prince d'Orange : « Le roi est ici, je n'y commande plus. »

Le roi tint un conseil auquel assistèrent le duc d'Orléans, les maréchaux Berthier, Macdonald, Trévise et le duc de Blacas; et après avoir reçu une lettre de Monsieur, par laquelle il annonçait qu'il allait s'embarquer à Dieppe, Louis XVIII, qui devait d'abord se rendre à Dunkerque, se détermina à quitter la France; il sortit en effet de Lille le 23 mars, à trois heures. Le duc d'Orléans et le duc de Trévise prirent congé du roi, sur le glacis; Macdonald l'accompagna jusqu'à la frontière.

Le roi en se retirant n'avait laissé au duc d'Orléans aucune instruction officielle ni particulière : « Faites, lui avait-il dit, tout ce que vous voudrez. » Dans cet état de choses, le roi n'étant plus en France, le duc d'Orléans prévint les commandans des places qu'il n'avait plus d'ordres à leur transmettre au nom de S. M.; et le 24 mars, il quitta Lille pour se rendre en Angleterre, après avoir écrit au maréchal duc de Trévise cette lettre tant de fois imprimée, et que les amis du duc d'Orléans s'empressèrent de faire afficher sur tous les murs de Paris le lendemain des glorieuses journées de juillet, comme un modèle de toutes les convenances, et l'expression d'un cœur qui a toujours battu pour la patrie (1).

Lille, 23 mars 1815.

(1) « Je viens, mon cher maréchal, vous remettre en entier le » commandement que j'aurais été heureux d'exercer avec vous, » dans les départemens du Nord. Je suis trop bon Français pour

Quelques mois après la douloureuse bataille de Waterloo, il revint en France. C'était l'époque où Louis XVIII avait rendu une ordonnance qui autorisait les princes à prendre séance dans la chambre des pairs. Le duc d'Orléans vit naître avec plaisir cette occasion de manifester ses opinions à son pays;

» sacrifier les intérêts de la France, parce que de nouveaux mal-
» heurs me forcent à la quitter. Je pars pour m'ensevelir dans la
» retraite et dans l'oubli. Le roi n'étant plus en France, je ne puis
» plus vous transmettre d'ordre en son nom, et il ne me reste qu'à
» vous dégager de l'observation de tous les ordres que je vous avais
» transmis, et à vous recommander de faire tout ce que votre ex-
» cellent jugement et votre patriotisme si pur vous suggéreront de
» mieux pour les intérêts de la France, et de plus conforme à tous
» les devoirs que vous avez à remplir.

» Adieu, mon cher maréchal, mon cœur se serre en écrivant ce
» mot. Conservez-moi votre amitié dans quelque lieu que la for
» tune me conduise, et comptez à jamais sur la mienne. Je n'ou-
» blierai jamais ce que j'ai vu de vous pendant le temps trop court
» que nous avons passé ensemble. J'admire votre noble loyauté et
» votre beau caractère autant que je vous estime et que je vous
» aime; et c'est de tout mon cœur, mon cher maréchal, que je
» vous souhaite toute la prospérité dont vous êtes digne, et que j'es-
» père encore pour vous.

» L. P. d'Orléans. »

mais telle était la position délicate d'un prince qui, seul à la cour, aimait et défendait la liberté, que, dans une séance de 1815, où la chambre des pairs appelait du haut du trône des châtimens sur les délits politiques, le langage et le vote du duc d'Orléans (1)

(1) Les colléges électoraux qui avaient élu la Chambre des députés de 1815 avaient envoyé au roi des adresses pour solliciter *l'épuration des administrations publiques et le châtiment des délits politiques.* La commission de la Chambre des pairs, chargée du projet d'adresse à S. M., avait recueilli et adopté cette proposition. « Sans » ravir au trône, disait-elle, les bienfaits de la clémence, nous » oserons lui recommander les droits de la justice ; nous oserons » solliciter humblement de son équité la rétribution nécessaire des » récompenses et des peines, et l'épuration des administrations » publiques. » Un vif débat s'engagea à la lecture de ce paragraphe dans la séance du 13 octobre 1815. MM. Barbé-Marbois, le duc de Broglie, de Tracy, Lanjuinais, le combattirent au nom de la justice et de l'humanité. Divers amendemens partiels furent proposés ; mais d'autres pairs ayant insisté pour que la chambre émît un vœu formel pour le châtiment des coupables, le duc d'Orléans se levant immédiatement : « Ce que je viens d'entendre, dit-il, » achève de me confirmer dans l'opinion qu'il convient de proposer » à la Chambre un parti plus décisif que les amendemens qui lui » ont été soumis jusqu'à présent. Je propose donc la suppression » totale du paragraphe. Laissons au roi le soin de prendre consti-

éveillèrent l'inquiétude et le mécontentement des Tuileries au point que Louis XVIII révoqua, pour tous les princes, l'autorisation de siéger à la Chambre des pairs, et que le duc, obligé sans cesse de lutter et vainement contre cet esprit de prétention qui fit donner à cette époque le nom de *terreur blanche*, aima mieux se retirer de nouveau en Angleterre, pour y attendre, avec sa famille, des jours meilleurs et plus tranquilles.

C'est pendant son séjour à Twickenham qu'il reçut

» tutionnellement les précautions nécessaires au maintien de l'or-
» dre public, et ne formons pas des demandes dont la malveillance
» ferait peut-être des armes pour troubler la tranquillité de l'État.
» Notre qualité de juges éventuels de ceux envers lesquels on re-
» commande plus de justice que de clémence nous impose un si-
» lence absolu à leur égard. Toute énonciation antérieure d'opinion
» me paraît une véritable prévarication dans l'exercice de nos fonc-
» tions judiciaires, en nous rendant tout à la fois accusateurs et
» juges. »

A ce noble langage, un grand nombre de voix, parmi lesquelles on remarqua celle du duc de Richelieu, crièrent : *Appuyé! appuyé!* Un pair demanda la question préalable ; elle fut adoptée par la majorité de la Chambre ; et les ministres qui avaient voté contre elle se laissèrent néanmoins entraîner.

de la maréchale Ney une lettre touchante, qui le priait d'intercéder auprès du régent d'Angleterre en faveur de son époux, appelé devant la cour des pairs. C'était une des plus glorieuses illustrations de la France, et d'après le traité de Paris, la justice était d'accord avec l'humanité; le prince ne pouvait hésiter. Il écrivit en effet au régent dans les termes les plus chaleureux, mais ses généreux efforts échouèrent: la restauration avait soif des restes d'un sang qui avait coulé dans tant de combats, et le brave des braves fut immolé. Louis-Philippe n'a pas oublié sa veuve, et c'est faire du pouvoir un bien noble usage que de consoler ainsi les grandes infortunes.

Nous revînmes à Paris en 1817; la France respirait plus librement, et le duc d'Orléans, dont les principes ne pouvaient s'accorder avec le règne de l'émigration, se renferma dans la simplicité de ses goûts, et dans les tranquilles charmes de la vie intérieure.

Persuadé de tous les avantages de l'éducation publique, il fit élever ses fils dans nos lycées, et plus d'une fois la couronne ducale des princes-écoliers fut embellie par une palme littéraire.

Ami des lettres, il appela auprès de lui le chantre des *Messéniennes*, si brutalement renvoyé de la Chancellerie en 1823, par M. de Peyronnet.

« Je serais charmé, disait-il à l'un de ses amis, que M. Casimir Delavigne retrouvât chez moi ce qu'il perd ailleurs, en attendant tous les succès qu'il ne peut manquer d'obtenir. Mais évitons l'ostentation; je la crains autant que l'air de censurer les autres, et de me produire comme le redresseur de leurs torts, quoique pourtant j'aie toujours bonne envie de le faire. »

Ami des arts, il enrichit sa galerie des chefs-d'œuvre des Gérard, des Gros, des Girodet, des Horace Vernet, des Hersent, des Mauzaisse, des Michalon, des Picot, des Dolling, des Géricaut.

Toujours occupé de grands travaux, il couvrit d'ouvriers le Palais-Royal, dont il a fait un des monumens les plus beaux de la capitale; Neuilly, dont il a dessiné lui-même les merveilleux jardins; le château d'Eu, où il a recuilli la collection de tous les grands personnages qu'avait fait peindre mademoiselle de Montpensier, pour embellir les salons où elle recevait Lauzun.

Quant à sa bienfaisance, je n'en parle pas, les journaux en ont assez souvent retenti ; cependant je suis bien aise de vous citer un trait qui est moins connu. Un jour un de ses secrétaires vint lui demander un secours de cinq cents francs pour la famille d'un homme de lettres devenu malheureux ; le prince, qui était préoccupé, lui parla aussitôt d'une nouvelle politique et l'entretien se prolongea jusqu'au moment où l'on vint avertir le duc qu'il était attendu à son conseil : « A propos, dit-il alors à son sécretaire, vous m'avez demandé un billet de *mille francs* pour une famille malheureuse ? —*Mille francs,* Monseigneur, c'est une de ces erreurs qu'il faut bien se garder de relever. — Vous avez raison, mon ami, les erreurs des princes coûtent souvent si cher, que je ne suis pas fâché que la mienne profite à ces pauvres gens. » Et au lieu de cinq cents francs, le secrétaire porta le billet de mille francs.

Dans ses relations particulières, il recevait surtout avec plaisir ces honorables citoyens qui consacraient leur éloquence et leur courage à la défense de nos libertés : c'étaient entr'autres Foy, Girardin, Lafitte, Casimir Perrier. Il s'entretenait avec eux de tout ce qui intéressait le bonheur et la gloire du pays. Lorsque Foy fut enlevé à notre amour, il s'associa aux regrets de la France en envoyant sa voiture au convoi, et je crois avoir entendu dire que cette honorable manifestation n'avait pas été goûtée aux Tuileries. « Ma voiture n'a été remarquée, répondit-il à Louis XVIII, que parce qu'elle était la seule, et je croyais que quand un grand citoyen mourait, tout ce qui aime la patrie devait prendre part à son deuil. »

Ces bouderies royales (1) ne l'empêchèrent pas, comme l'on pense bien, d'assister aux derniers momens de Stanislas Girardin; c'était un ancien ami! Il vint lui-même à son lit de mort, et sa présence et ses consolantes paroles parurent rendre au malade un peu de cette force qui s'éteint si lentement dans le cœur. Girardin, en lui prenant la main, lui

(1) On dit qu'au mois de juillet on a trouvé à ce sujet aux Tuileries plusieurs lettres du duc d'Orléans à MM. de Blacas et autres, qui sont écrites avec une franchise et une fermeté qui nous font regretter de ne point les avoir pour les produire ici. Elles établissent, dit-on, les rapports de ce prince avec la cour, de manière à ne plus laisser que du ridicule à ceux qui ont follement essayé de faire croire que Louis-Philippe *travaillait pour Henri V!* (*Note de l'éditeur.*)

dit : « J'emporte du moins avec bonheur au tombeau » la pensée qu'avant peu vous serez roi ! » C'était en 1827 ! Ce grand et bon citoyen méritait de vivre assez pour voir sa prédiction se réaliser avec le triomphe de la liberté ! »

Mes chers camarades, que vous dirai-je de plus ? Vous connaissez tous le grand événement qui a placé Louis-Philippe sur le trône ? — Oui, répondent à la fois plusieurs gardes nationaux; mais rien jusqu'ici ne transpire sur ce qui se passait à Neuilly pendant les barricades, et vous seriez bien aimable de nous donner à cet égard quelques détails. — Avec plaisir, reprend l'officier d'état-major; mais, pour cela, il faut présenter l'ensemble des faits auxquels ces détails se rattachent. — Tant mieux, car plusieurs d'entre nous n'étaient pas à Paris, et votre récit contribuera à les en consoler.

« Vous vous rappelez ce bal si brillant donné au Palais-Royal, le 31 mai 1830, en l'honneur du roi de Naples; ces amphithéâtres de fleurs, ces immenses colonnades, ces terrasses chargées d'orangers, ces toits de verres étincelans de mille feux, qui offraient, au milieu de la plus belle des nuits, toute la pompe d'une féerie orientale. Charles X et sa famille y assistaient; c'était la première et la dernière fois qu'il visitait en monarque le Palais-Royal; car celui qui en faisait les honneurs comme prince devait, deux mois après, y être salué comme roi.

Mais remontons plus haut.

Le ministère du 8 août 1829 avait répandu une inquiétude générale dans la France. Tous les droits étaient menacés, tous les intérêts se rapprochèrent. On sentit la nécessité d'opposer à des hommes choisis par le pouvoir pour opprimer les libertés publiques une représentation nationale assez ferme, assez dévouée pour les défendre. La Chambre de 1830 comprit toute l'étendue de son mandat; elle présenta au roi une adresse pleine de dignité, votée par 221 de ses membres. Charles X, au lieu d'envisager cet acte comme l'expression des vœux du pays, n'y vit qu'un attentat aux prérogatives royales, et il se hâta de dissoudre la Chambre. De nouvelles élections eurent lieu: les 221 furent rappelés; mais, à l'instant où l'on venait d'envoyer aux députés leurs lettres closes, lorsque tout Paris croyait à leur convocation, le *Moniteur* du 26 juillet 1830 cassa de nouveau une Chambre qui n'avait pas même été réunie. Cette ordonnance était suivie de plusieurs autres qui, frappant de nullité les lois fondamentales du royaume, mettaient la pensée sous le séquestre, mutilaient les droits électoraux, et replaçaient la France sous le régime du *bon plaisir*.

Tout à coup Paris s'agite. Dans les cafés, dans les places publiques, sur les boulevards, partout il se forme des groupes où l'on remarque à la fois de l'inquiétude, de la stupeur, de l'indignation. Les journalistes s'assemblent et rédigent une protestation où ils déclarent *que l'obéissance cesse d'être un devoir*. A la Bourse, malgré les sacrifices du Trésor, tous les fonds baissent; les nouvelles les plus sinistres circulent; on parle de listes de proscriptions, de cours prévôtales; l'agitation s'accroît avec une rapidité électrique; on ne s'arme pas encore, mais on murmure, on menace, on court de tous côtés. Le soir on va briser à coups de pierres les carreaux de l'hôtel de M. de Polignac; de fortes patrouilles parcourent Paris dans tous les sens. Cependant la nuit du 26 n'offrit rien de remarquable; mais une sourde fermentation couvait dans tous les esprits.

Le mardi 27, dès le matin, malgré le référé de M. de Belleyme, président du tribunal de première instance, le préfet de police, M. Mangin, ordonne à la gendarmerie de s'emparer des presses de tous les journaux. Il fait en même temps afficher sur les murs de la capitale l'ordre inoui de ne lire, de ne recevoir ou se communiquer aucun journal, aucun imprimé, sous peine d'être arrêté. Ces violences, cette tyrannie, excitent une indignation qui augmente encore à l'aspect des troupes dont se remplissent les rues. On commence à lancer des pierres contre les Suisses, qui ripostent par des coups de fusil; les députés présens à Paris se rassemblent en hâte chez M. Casimir Perrier, où ils rédigent contre les ordonnances une pétition au roi qui demeure sans réponse.

L'émeute populaire devient générale sur les deux heures, dans les quartiers marchands; car, depuis la Madeleine jusqu'à la porte Saint-Denis, les boulevards étaient tranquilles, quoique couverts de troupes dont une partie gardait l'hôtel des Affaires-Etrangères. Les Suisses, les lanciers, l'infanterie de la garde, la gendarmerie, font feu sur les Parisiens, dont le courage s'accroît avec le danger. De tous côtés on court aux armes; point de chefs, point d'ordres, l'instinct de la liberté tient lieu de tout; c'est lui seul qui guide, qui anime le peuple, c'est à lui seul que le peuple obéit.

Le mercredi 28, dès cinq heures du matin, la population entière était en mouvement; les faubourgs étaient descendus; des citoyens armés occupaient l'Hôtel-de-Ville; d'autres s'étaient emparés des tours de Notre-Dame, y avaient arboré le drapeau tricolore, et sonnaient le tocsin. Une foule d'anciens gardes nationaux avaient repris leurs armes et leurs habits; l'Ecole polytechnique était sortie pour combattre; l'Ecole de Droit, l'Ecole de Médecine avaient imité son exemple; enfin Paris offrait l'aspect d'un camp. Toutes les boutiques étaient fermées, et de tous côtés stationnaient des gardes royaux, des lanciers, des Suisses, des régimens de ligne.

Paris fut mis en état de siége, sous les ordres du maréchal duc de Raguse. Vers trois heures après midi, le combat s'engagea dans tous les quartiers populeux. En vain les députés essayèrent-ils d'arrêter l'effusion du sang, en vain la garde nationale s'offrit-elle comme intermédiaire entre les troupes et le peuple pour rétablir l'ordre et la paix.

On se refuse à tout accommodement, et depuis quatre heures jusqu'à minuit on mitraille, au nom du roi, les habitans de Paris. Ils avaient formé dans toutes les rues des barricades; sur le boulevard, ils avaient abattu les arbres; du haut des maisons ils faisaient pleuvoir sur les soldats des pavés, des meubles, des barres de fer. L'Hôtel-de-Ville fut pris et repris plusieurs fois. Il y eut aussi des engagemens meurtriers au Pont-Neuf, à la Porte-Saint-Martin, dans la rue Saint-Antoine: l'héroïsme du peuple triompha partout.

Le duc d'Orléans se trouvait alors à Neuilly avec tous ses enfans, excepté M. le duc de Chartres, qui était à Joigny avec son régiment. Le soir, selon l'usage, cette auguste famille était assise dans le jardin, autour des tables vertes placées devant le perron du château qui regarde la Seine. Le canon retentissait sans cesse à ses oreilles, et il est facile de comprendre la profonde douleur dont l'ame du prince était déchirée. En vain ses amis cherchaient-ils à le

tranquilliser. « Non, disait-il, j'ai des larmes et du sang dans le cœur.... Pauvre Paris ! pauvre France ! »
Le jeudi 29, à la pointe du jour, la fusillade se fit entendre de nouveau; mais déjà plusieurs postes avaient été enlevés par les Parisiens : une commission municipale occupait l'Hôtel-de-Ville (1). Le général Lafayette avait pris le commandement de la garde nationale; le général Pajol s'était mis à la tête des colonnes parisiennes; le général Gérard dirigeait le mouvement; l'hôtel de M. Lafitte était devenu la Chambre des députés. Animé par ces exemples de courage et de patriotisme, le peuple devint victorieux sur tous les points : le Palais-Royal, l'Archevêché, le Louvre, sont enlevés. Les Tuileries seules n'étaient pas encore occupées; le duc de Raguse s'y était retiré avec les ministres. MM. Laffitte et Casimir Perrier, désirant arrêter l'effusion du sang, se rendirent auprès de lui. Ils lui représentèrent avec une chaleureuse énergie l'état déplorable de la capitale. « L'honneur militaire, répondit le duc de Raguse, c'est l'obéissance. — Le véritable honneur, répliqua M. La-

(1) Composée de MM. Casimir Perrier, Jacques Lafitte, Audry de Puyraveau, comte Lobau, Mauguin, de Schonen.

fitte, c'est de ne point égorger ses concitoyens. — Mais, reprit le maréchal, quelles sont les conditions que vous proposez? — Le rapport des ordonnances du 25 juillet, le renvoi des ministres, et la convocation des Chambres pour le 3 août. — Messieurs, je vais en conférer avec M. de Polignac; il est ici, je lui demanderai s'il peut vous recevoir. »

Le maréchal rapporta pour toute réponse : que les conditions proposées rendaient toute conférence inutile.

« Ils veulent donc la guerre civile ! s'écrièrent avec indignation les deux députés. Le duc de Raguse garda le silence, et MM. Lafitte et Casimir Perrier se retirèrent.

Cette patriotique démarche était dictée par l'amour de la paix et du bien public; mais telle était l'irritation des Parisiens, qu'exaltait encore la rapidité de leurs succès, qu'on peut croire qu'ils eussent alors repoussé tout accommodement avec la cour. L'opiniâtreté de M. de Polignac accrut leur fureur et leur courage; ils attaquèrent les Tuileries, ils s'en emparèrent, ils y plantèrent le pavillon tricolore. Le duc de Raguse, les ministres, la garde royale, protégés par une dernière décharge d'artillerie, n'eurent que le temps de se retirer en toute hâte sur Saint-Cloud avec les suisses et les cuirassiers. Un combat s'engagea dans le village de Neuilly; quelques habitans furent tués ou blessés, et des boulets tombèrent dans les jardins du duc d'Orléans pendant que ce prince s'y trouvait, occupé à donner des ordres pour secourir de malheureux blessés qui s'étaient réfugiés dans les fossés du parc.

Le vendredi la scène change et s'agrandit : Charles X a quitté Saint-Cloud pour se retirer à Trianon; une délibération solennelle s'est tenue chez M. Laffitte; ce n'est plus une nation qui demande à son souverain le renvoi d'un ministère parjure à ses sermens, c'est un peuple vainqueur qui, dédaigneux de traiter avec un roi fugitif, n'a reconquis son indépendance que pour la confier aux mains d'un prince citoyen.

Des députés, des hommes de lettres, plusieurs autres personnes étaient accourues de Paris à Neuilly pour apporter les premiers au duc d'Orléans l'avis de cet hommage national. Les princesses seules les reçurent, le prince avait cru devoir se rendre à cheval au Raincy.

Dans cette course, un paysan qui travaillait dans les champs, auprès d'Aubervilliers, apercevant le prince et son aide-de-camp: « Dites donc, vous autres, leur dit-il, est-ce que vous allez chercher Napoléon II? Je parie que vous êtes pour Napoléon II, avec la cocarde tricolore. — Moi, répond le prince, j'ai toujours beaucoup aimé la cocarde tricolore. » Et il poursuivit son chemin. Plus loin il fut reconnu par plusieurs personnes, qui lui crièrent: *Vive le duc d'Orléans!*

Rentré le soir même à Neuilly, on lui remit l'acte par lequel les députés réunis à Paris l'appelaient à la lieutenance-générale du royaume (1). Il partit alors pour Paris, après avoir embrassé sa femme et sa sœur, qui attacha à sa boutonnière un ruban aux

(1) HABITANS DE PARIS! La réunion des députés actuellement à Paris a pensé qu'il était urgent de prier S. A. R. Monseigneur le duc d'Orléans de se rendre dans la capitale pour y exercer les fonctions de lieutenant-général du royaume, et de lui exprimer le vœu de conserver les couleurs nationales. Elle a de plus senti la néces-

trois couleurs. Il était à pied, vêtu d'une simple redingote, et accompagné de deux ou trois personnes. Il entra à Paris par la barrière du Roule, et suivit

sité de s'occuper sans relâche d'assurer à la France, dans la prochaine session des Chambres, toutes les garanties indispensables pour la pleine et entière exécution de la Charte.

Paris, le 30 juillet 1830.

CORCELLES, député de la Seine; EUSÈBE SALVERTE, député de la Seine; J. LAFITTE; BÉRARD, député de Seine-et-Oise; BENJAMIN DELESSERT, député de Maine-et-Loire; GUIZOT, député du Calvados; CAUMARTIN, député de la Somme; Horace SÉBASTIANI, député de l'Aisne; MÉCHIN, député de l'Aisne; DUPIN aîné, député de la Nièvre; PAIXHANS, dép. de la Moselle; baron Charles DUPIN, député de la Seine; BERTIN DE VAUX, député de Seine-et-Oise; VASSAL, député de la Seine; ODIER, députés de la Seine; André GALLOT, député de la Charente-Inférieure; LOUIS, député de la Meurthe; KÉRATRY, député de la Vendée; GIROD DE L'AIN; Mathieu DUMAS, député de la Seine; Ed. BIGNON, député de l'Eure; BAILLOT, dép. de Seine-et-Marne; DUCHAFFAUT, député de la Vendée; BERNARD de Rennes, député élu d'Ille-et-Vilaine et des Côtes-du-Nord; G. E. TERNAUX, député de a Haute-Vienne; C. PERSIL, député de Condom (Gers); DUGAS-MONTBEL, dép. du Rhône; Alexandre DELABORDE, député de la Seine; CHAMPLOUIS, député des Vosges; BENJAMIN-CONSTANT; POMPIERRE; général MINOT, député de la Charente-Inférieure; vicomte TIRLET; LOBAU, député de la Meurthe; le comte de BONDY, député de l'Indre; Camille PÉRIER, député de la Sarthe; PRÉVÔT-LEYGONIE, député de la Dordogne; Casimir PÉRIER; Firmin DIDOT, députés d'Eure-et-Loir.

D. SCHONEN.

toute la rue du Faubourg-Saint-Honoré. A tous les postes on lui criait : *Qui vive?* et c'est lui-même qui répondait : *Vive la Charte!* Il arriva ainsi vers les dix heures au Palais-Royal, où il entra par la maison de la rue Saint-Honoré, n° 216. Ce fut là seulement qu'il s'entendit reconnaître. Il n'avait pas été reconnu pendant le trajet, quoique la ville fût illuminée, dans le but de remplacer les réverbères que le peuple avait brisés.

Le samedi matin, 31, le Palais-Royal offrait un aspect inaccoutumé : les grilles des deux cours étaient fermées, le vestibule du grand escalier était devenu un corps-de-garde rempli de jeunes Parisiens, héros improvisés, sans bas, sans habits, qui avaient reconquis le palais sur la garde royale; ils maintenaient l'ordre et la consigne avec une admirable sévérité. Le peuple remplissait la place et le jardin par un sentiment de curiosité, mais sans donner aucun signe d'exaltation; il ignorait encore que le duc d'Orléans fût au Palais-Royal.

Dès que la proclamation fut répandue (1), d'una-

(1) HABITANS DE PARIS! Les députés de la France en ce moment réunis à Paris m'ont exprimé le désir que je me rendisse

nimes acclamations appelèrent le duc d'Orléans qui se montra sur la terrasse du côté du jardin, et qui fut salué avec un enthousiasme difficile à dépeindre.

Cependant les députés poursuivaient leur ouvrage; après avoir proclamé le duc d'Orléans lieutenant-général du royaume, ils vinrent tous en corps le saluer au Palais-Royal, pour l'accompagner à l'Hôtel-de-Ville, où il avait témoigné le désir de se rendre. Le duc monta à cheval, et il faisait beau le voir, seul au milieu d'une haie de glaives et de baïonnettes, traverser au pas, et le chapeau à la main, cette foule innombrable qui se pressait autour de lui avec

dans cette capitale pour y exercer les fonctions de lieutenant-général du royaume.

Je n'ai pas balancé à venir partager vos dangers, à venir me placer au milieu de votre héroïque population, et à faire tous mes efforts pour vous préserver des calamités de la guerre civile et de l'anarchie.

En rentrant dans la ville de Paris, je portais avec orgueil les couleurs glorieuses que vous avez reprises et que j'ai moi-même long-temps portées.

Les Chambres vont se réunir et aviseront au moyen d'assurer le règne des lois et le maintien des droits de la nation.

La Charte sera désormais une vérité.

LOUIS-PHILIPPE D'ORLÉANS.

une avidité impossible à décrire. Arrivé à l'Hôtel-de-Ville, le prince fut reçu par la commission municipale, à laquelle il adressa les choses les plus flatteuses; il embrassa ensuite le général Lafayette, et comme, en marchant, le général boitait tout bas : « C'est votre blessure, lui dit le duc d'Orléans, celle que vous avez reçue aux États-Unis, à la bataille de la Brandywine ? — Comment, Monseigneur se souvient..... — Quand toute l'Europe l'a su, j'aurais mauvaise grâce à l'ignorer. »

Dans la grande salle d'armes, M. Viennet, député, prononça une adresse pleine de franchise, à laquelle le lieutenant-général du royaume répondit en substance : « Je déplore, comme Français, le mal fait au pays, et le sang qu'on a versé; comme prince, je suis heureux de contribuer au bonheur de la nation. »

Ces paroles furent suivies brusquement de l'apostrophe du général Dubourg, qui dit au prince : « J'espère que vous tiendrez vos sermens ? » Apprenez, monsieur, lui répliqua le duc d'Orléans avec une énergique vivacité, que je n'y ai jamais manqué, et ce n'est pas quand la patrie me réclame que je songerais à les trahir. » Après cette réponse, qui excita un mouvement de satisfaction dans toute l'assemblée, le prince et le général Lafayette montèrent ensemble sur le balcon de l'Hôtel-de-Ville. Là ils s'embrassèrent de nouveau, et ils agitèrent le drapeau tricolere en présence du peuple qui fit retentir l'air de ses nombreux *vivat !*

Le retour du duc d'Orléans fut comme son départ une course triomphale. Il fut pourtant marqué par une circonstance particulière : c'est que sur tous les quais et dans toutes rues, le peuple, pour former la haie, fit une double chaîne sur son passage en se tenant par la main ; et quand le prince arriva sous la voûte de l'escalier de son palais, on ne lui laissa pas le temps de descendre de cheval ; il fut enlevé par des milliers de bras : on le pressait avec amour, en baisant ses mains et ses habits.

Cette belle journée devait finir par une scène qui caractérise le moment, et qui devait encore ajouter au bonheur du prince, en réunissant autour de lui les personnes sans lesquelles il ne sait pas être heureux. A neuf heures du soir, une caroline, une de ces voitures modestes qui transportent à menus frais les voyageurs autour de Paris, arrive de Neuilly au

Palais-Royal; une princesse en descend suivie de ses enfans et de sa sœur, c'était la duchesse d'Orléans : c'était la future reine des Français.

La présence des princesses fut aussitôt révélée par des bienfaits : cent mille francs furent par leurs mains distribués aux pauvres; les hôpitaux furent visités, les blessés secourus, consolés.

Le 3 août était le jour fixé pour l'ouverture des Chambres; leur convocation eut lieu, comme vous le savez, dans le local de la Chambre des députés : l'estrade du trône était ombragée de drapeaux tricolores, une tribune était réservée à la duchesse d'Orléans et à sa famille; les autres étaient pour la plupart garnies de femmes élégamment parées; les regards se portaient tour à tour avec curiosité sur les bancs des pairs, dont on remarquait le petit nombre, et sur les bancs où siégeaient les députés, parmi lesquels on aimait à distinguer ceux qui, dans la grande semaine, avaient donné le plus de preuves de dévouement.

A une heure le canon des Invalides annonce l'arrivée de Monseigneur le duc d'Orléans. Les grandes députations de la Chambre des pairs et des députés s'étant rendues à la rencontre de S. A. R. ; le lieutenant-général du royaume entra dans la salle accompagné de ces députations, de S. A R. Monseigneur le duc de Nemours, et de plusieurs aides-de-camp, qui restèrent au bas de l'estrade. S. A. R. le lieutenant-général du royaume prit place sur un tabouret disposé à la droite du trône, et Monseigneur le duc de Nemours sur un tabouret à la gauche.

Vous avez tous lu, Messieurs, dans *le Moniteur*, les discours qui furent prononcés dans cette mémorable séance (1), après laquelle le prince, à peine

(1) S. A. R. dit : « Messieurs, asseyez-vous. » MM. les pairs de de France et les députés s'étant assis, S. A. R. prononça le discours suivant, qui fut interrompu par de fréquentes acclamations :

« Messieurs les pairs et messieurs les députés, Paris, troublé dans son repos par une déplorable violation de la Charte et des lois, les défendait avec un courage héroïque.

» Au milieu de cette lutte sanglante, aucune des garanties de l'ordre social ne subsistait plus : les personnes, les propriétés, les droits, tout ce qui est précieux et cher à des hommes et à des citoyens courait les plus graves dangers.

» Dans cette absence de tout pouvoir public, le vœu de mes concitoyens s'est tourné vers moi ; ils m'ont jugé digne de concourir avec eux au salut de la patrie ; ils m'ont invité à exercer les fonctions de lieutenant-général du royaume ; leur cause m'a paru rentré dans son palais, vit arriver tambour battant dans la cour trois cents gardes nationaux couverts

juste, le péril immense, la nécessité impérieuse, mon devoir sacré. Je suis accouru au milieu de ce vaillant peuple, suivi de ma famille, et portant ces couleurs qui, pour la seconde fois, ont marqué parmi nous le triomphe de la liberté.

» Je suis accouru, fermement résolu à me dévouer à tout ce que les circonstances exigeraient de moi, dans la situation où elles m'ont placé, pour rétablir l'empire des lois, sauver la liberté menacée et rendre impossible le retour de si grands maux, en assurant à jamais le pouvoir de cette Charte dont le nom invoqué pendant le combat l'était encore après la victoire.

» Dans l'accomplissement de cette noble tâche, c'est aux chambres qu'il appartient de me guider.

» Tous les droits doivent être solidement garantis; toutes les institutions nécessaires à leur plein et libre exercice doivent recevoir les développemens dont elles ont besoin.

» Attaché de cœur et de conviction aux principes d'un gouvernement libre, j'en accepte d'avance toutes les conséquences. Je crois devoir appeler dès aujourd'hui votre attention sur l'organisation des gardes nationales, l'application du jury aux délits de la presse, la formation des administrations départementales et municipales, et avant tout, sur cet article 14 de la Charte qu'on a si odieusement interprété.

« C'est dans ces sentimens, Messieurs, que je viens ouvrir cette session. Le passé m'est douloureux, je déplore des infortunes que j'aurais voulu prévenir; mais au milieu de ce magnanime élan de de sueur et de poussière; c'est la garde d'Elbeuf qui accourait au secours des Parisiens. A cet aspect,

la capitale et de toutes les cités françaises, à l'aspect de l'ordre renaissant avec une merveilleuse promptitude après une résistance pure de tout excès, un juste orgueil émeut mon cœur, et j'entrevois avec confiance l'avenir de la patrie.

» Oui, Messieurs, elle sera heureuse et libre cette France qui m'est si chère; elle montrera à l'Europe qu'uniquement occupée de sa prospérité intérieure, elle chérit la paix aussi bien que les libertés, et ne veut que le bonheur et le repos de ses voisins.

» Le respect de tous les droits, le soin de tous les intérêts, la bonne foi dans le gouvernement, sont les meilleurs moyens de désarmer les partis et de ramener dans les esprits cette confiance dans les institutions, cette stabilité, seuls gages assurés du bonheur des peuples et de la force des états.

» Messieurs les pairs et messieurs les députés, aussitôt que les chambres seront constituées, je ferai porter à leur connaissance l'acte d'abdication de S. M. le roi Charles X; par ce même acte, S. A. R. Louis-Antoine de France, dauphin, renonce également à ses droits. Cet acte a été remis entre mes mains hier, 2 août, à onze heures du soir. J'en ordonne ce matin le dépôt dans les archives de la chambre des pairs, et je le fais insérer dans la partie officielle du *Moniteur*. »

S. A. R. le lieutenant-général du royaume se retira avec Monseigneur le duc de Nemours et ses aides-de-camp, au milieu des acclamations des membres des deux Chambres et du public des tribunes.

S. A. R. mademoiselle d'Orléans s'écrie avec enthousiasme : « Quelle nation ! » Et le duc son frère s'empresse de descendre pour passer en revue cette garde à la tête de laquelle il vit avec plaisir M. le maire d'Elbeuf, député de la Loire-Inférieure. Quel spectacle que ce prince félicitant avec une généreuse émotion ces soldats citoyens sur leur patriotisme, et ces citoyens soldats saisissant à leur tour la main du prince avec transport et le pressant dans leurs bras ! !

Jusqu'ici le lieutenant-général devait être au comble de sa joie; mais un plaisir lui manquait encore comme père. Enfin, le 4 août, le 1er régiment de hussards entra par la barrière du Trône, bannière tricolore déployée. Le duc d'Orléans se rend à cheval à sa rencontre, et bientôt le duc de Chartres est dans ses bras. Ce jeune prince était accouru à marches forcées. « J'aurais eu trop de regret, disait-il, si quelqu'autre régiment était arrivé avant moi à Paris avec la cocarde nationale. » Après avoir passé le régiment en revue, le duc d'Orléans reprit le chemin du Palais-Royal. Le faubourg Saint-Antoine, les boulevards, la rue de la Paix, la place Vendôme, où les princes saluent avec respect la colonne des braves; la rue Saint-Honoré, étaient couverts d'une population qui répétait mille fois avec ivresse : *Vive le duc d'Orléans! vive le duc de Chartres!*

La duchesse d'Orléans attendait son fils avec toute l'impatience d'une mère. Après avoir fait mettre son régiment en bataille sur la place du Palais-Royal, le duc de Chartres monte sur la terrasse et se jette dans les bras de la princesse, qui le presse sur son cœur avec des transports auxquels le peuple s'associe par des applaudissemens et par des larmes.

Il semblait que de pareilles scènes dussent avoir épuisé l'enthousiasme public; cependant il allait recevoir, le 9 août, un nouvel élan de la séance majestueuse des députés. Tous les sentimens, toutes les opinions, tous les regrets y furent respectés, et jamais assemblée délibérante n'offrit peut-être un spectacle de calme, de dignité plus admirable. Après avoir arrêté, d'une voix unanime, la déclaration par laquelle elle offrait la couronne au duc d'Orléans, toute la Chambre, précédée de la garde nationale, se rendit au Palais-Royal, où elle fut reçue par le prince, entouré de toute sa famille.

M. Lafitte prit la parole, pour faire au prince la lecture de la déclaration de la Chambre (1), à

(1) *Déclaration de la Chambre des députés.*

« La Chambre des députés, prenant en considération l'impérieuse nécessité qui résulte des événemens des 27, 28, 29 juillet dernier, et jours suivans, et de la situation générale où la France s'est trouvée placée à la suite de la violation de la Charte constitutionnelle;

» Considérant, en outre, que par suite de cette violation et de la résistance héroïque des citoyens de Paris, S. M. Charles X, S. A. R. Louis-Antoine, dauphin, et tous les membres de la branche aînée de la maison royale sortent en ce moment du territoire français;

» Déclare que le trône est vacant en fait et de droit, et qu'il est indispensable d'y pourvoir;

» La Chambre des députés déclare, secondement, que selon le vœu et dans l'intérêt du peuple français, le préambule de la Charte constitutionnelle est supprimé, comme blessant la dignité nationale, en paraissant octroyer aux Français des droits qui leur appartiennent essentiellement, et que les articles suivans de la même Charte doivent être supprimés ou modifiés de la manière qui va être indiquée.

Art. 6, *supprimé.*

Art. 7. Les ministres de la religion catholique, apostolique et romaine, professée par la majorité des Français, et ceux des autres cultes chrétiens, reçoivent des traitemens du trésor public.

Art. 8. Les Français ont le droit de publier et de faire imprimer leurs opinions, en se conformant aux lois.

laquelle il répondit en ces termes : « Je reçois avec une profonde émotion la déclaration que vous me

La censure ne pourra jamais être rétablie.

Art. 14. Le roi est le chef suprême de l'état; il commande les forces de terre et de mer, déclare la guerre, fait les traités de paix, d'alliance et de commerce, nomme à tous les emplois d'administration publique, et fait les réglemens et ordonnances nécessaires pour l'exécution des lois, sans pouvoir jamais ni suspendre les lois elles-mêmes ni dispenser de leur exécution.

Toutefois aucune troupe étrangère ne pourra être admise au service de l'état qu'en vertu d'une loi.

Art. 15. Suppression des mots *des départemens*.

Art. 16 et 17. La proposition des lois appartient au roi, à la Chambre des pairs et à la Chambre des députés.

Néanmoins, toute loi d'impôt doit être d'abord votée par la Chambre des députés.

Art 19, 20, 21, supprimés; remplacés par la disposition suivante :

Si une proposition de loi a été rejetée par un des trois pouvoirs, elle ne pourra être représentée dans la même session.

Art. 26. Toute assemblée de la Chambre des pairs qui serait tenue hors du temps de la session de la Chambre des députés est illicite et nulle de plein droit, sauf le seul cas où elle est réunie comme cour de justice, et alors elle ne peut exercer que des fonctions judiciaires.

présentez. Je la regarde comme l'expression de la volonté nationale, et elle me paraît conforme aux

Art. 30. Les princes du sang sont pairs par droit de naissance; ils siègent immédiatement après le président.

Art. 31. Supprimé.

Art. 32. Les séances de la Chambre des pairs sont publiques, comme celles de la Chambre des députés.

Art. 36. Supprimé.

Art. 37. Les députés sont élus pour cinq ans.

Art. 38. Aucun député ne peut être admis dans la Chambre s'il n'est âgé de trente ans et s'il ne réunit les autres conditions déterminées par la loi.

Art. 39. Si néanmoins il ne se trouvait pas dans le département cinquante personnes de l'âge indiqué, payant le cens d'éligibilité déterminé par la loi, leur nombre sera complété par les plus imposés au-dessous du taux de ce cens, et ceux-ci pourront être élus concurremment avec les premiers.

Art. 40. Nul n'est électeur s'il a moins de vingt-cinq ans, et s'il ne réunit les autres conditions déterminées par la loi.

Art. 41. Les présidens des colléges électoraux sont nommés par les électeurs.

Art. 43. Le président de la Chambre des députés est élu par elle à l'ouverture de chaque session.

Art. 46 et 47. Supprimés (en conséquence de l'initiative).

Art. 56. Supprimé.

Art. 63. Il ne pourra, en conséquence, être créé de commissions principes politiques que j'ai professés toute ma vie. Rempli de souvenirs qui m'avaient toujours fait dé-

et de tribunaux extraordinaires, à quelque titre et sous quelque dénomination que ce puisse être.

Art. 73. Les colonies sont régies par des lois particulières.

Art. 74. Le roi et ses successeurs jureront à leur avénement, en présence des chambres réunies, d'observer fidèlement la Charte constitutionnelle.

Art. 75. La présente Charte et tous les droits qu'elle consacre demeurent confiés au patriotisme et au courage des gardes nationales et de tous les citoyens français

Art. 76. La France reprend ses couleurs. A l'avenir, il ne sera plus porté d'autre cocarde que la cocarde tricolore.

Art. 75 et 76. Supprimés.

*Dispositions particulières.*

Toutes les nominations et créations nouvelles de pairs, faites sous le roi Charles X, sont déclarées nulles et non avenues.

L'art. 27 de la Charte sera soumis à un nonvel examen dans la session de 1831.

La Chambre des députés déclare, troisièmement, qu'il est nécessaire de pourvoir successivement, par des lois séparées, et dans le plus court délai possible, aux objets qui suivent :

1° L'application du jury aux délits de la presse et aux délits politiques;

2° La responsabilité des ministres et des autres agens du pouvoir;

sirer de n'être jamais destiné à monter sur le trône, exempt d'ambition et habitué à la vie paisible que

3° La réélection des députés promus à des fonctions publiques salariées ;

4° Le vote annuel du contingent de l'armée ;

5° L'organisation de la garde nationale, avec intervention des gardes nationaux dans le choix de leurs officiers ;

6° Des dispositions qui assurent, d'une manière légale, l'état des officiers de tous grades de terre et de mer.

7° Des institutions départementales et municipales, fondées sur un système électif.

8° L'instruction publique et la liberté de l'enseignement ;

9° L'abolition du double vote et la fixation des conditions électorales et d'éligibilité ;

10° Déclarer que toutes les lois et ordonnances, en ce qu'elles ont de contraire aux dispositions adoptées pour la réforme de la Charte, soient dès à présent, et demeurent annulées et abrogées.

Moyennant l'acceptation de ces dispositions et propositions, la Chambre des députés déclare enfin que l'intérêt universel et pressant du peuple français appelle au trône S. A. R. Louis-Philippe d'Orléans, duc d'Orléans, lieutenant-général du royaume, et ses descendans à perpétuité, de mâle en mâle, par ordre de progéniture, et à l'exclusion perpétuelle des femmes et de leur descendance.

En conséquence, S. A. R. Louis-Philippe d'Orléans, duc d'Orléans, lieutenant-général du royaume, sera invité à accepter et à jurer les clauses et engagemens ci-dessus énoncés, l'observation de la Charte constitutionnelle et des modifications indiquées, et après je menais dans ma famille, je ne puis vous cacher tous les sentimens qui agitent mon cœur dans cette grande conjoncture; mais il en est un qui domine tous les autres, c'est l'amour de mon pays; je sens ce qu'il me prescrit, et je le ferai ».

S. A. R. était profondément émue, et son discours s'acheva dans les larmes. L'émotion du prince, l'effusion avec laquelle il embrassa M. Lafitte, le tableau touchant de sa famille qui l'entourait, l'enthousiasme qui avait gagné toute l'assemblée, les cris de vive le roi! vive la reine! vive la famille royale! qui éclataient de toutes parts, les pleurs qui coulaient de tous les yeux, les cris mille fois répétés que proférait la foule innombrable répandue dans les cours du palais, tout concourait à faire de cette scène le drame le

l'avoir fait devant les Chambres assemblées, à prendre le titre de roi des Français.

Délibéré au palais de la Chambre des députés, le sept août mil huit cent trente.

*Les président et secrétaires.*

LAFITTE, vice-président.
JACQUEMINOT.
PAVÉE DE VANDOEUVRE.
CUNIN-GRIDAINE
JARS.

plus beau, le plus attendrissant qu'aient jamais présenté les annales des nations. Des milliers de voix sollicitèrent alors la présence du prince; il parut sur son balcon, accompagné de M. Lafayette, et tous deux furent salués par des acclamations qui redoublèrent, lorsque M^me^ la duchesse d'Orléans présenta ses enfans au peuple. M. Lafayette, frappé de cette universalité de sentimens et d'hommages, dit, en prenant la main de M^gr^ le duc d'Orléans, ce mot dont quelques esprits chagrins ont voulu contester l'authenticité, mais que j'ai entendu moi-même : *Nous avons fait là de bonnes choses; vous êtes le prince qu'il nous faut, c'est la meilleure des républiques.*

Le soir même, à dix heures, la Chambre des pairs ayant en tête M. le baron Pasquier vint au Palais-Royal présenter au duc d'Orléans son hommage et son adhésion à la déclaration de la Chambre des députés (1).

(1) *Discours de la Chambre des pairs à S. A. R. Monseigneur le duc d'Orléans.*

MONSEIGNEUR,

« La Chambre des pairs vient présenter à V. A. R. l'acte qui doit assurer nos destinées; vous avez autrefois défendu les armes à la

Le duc d'Orléans répondit : « Messieurs, en me présentant cette déclaration, vous me témoignez une confiance qui me touche profondément. Attaché de conviction aux principes constitutionnels, je ne désire rien tant que la bonne intelligence des deux Chambres. Je vous remercie de me donner le droit d'y compter; vous m'imposez une grande tâche, je m'efforcerai de m'en montrer digne. »

Cet hommage national fut solennellement consacré le 9 août par la séance du serment. Cette séance présentait un caractère de calme, de respect et de dignité, qui contrastait d'une manière sublime avec les scènes sanglantes qui, quelques jours auparavant, avaient troublé la capitale. Un air de contentement brillait sur tous les visages; c'est qu'on voyait monter sur le trône un prince éclairé par le malheur, et

main nos libertés encore nouvelles et inexpérimentées, aujourd'hui vous allez les consacrer par les institutions et les lois. Votre haute raison, vos penchans, le souvenir de votre vie entière, nous promettent un roi-citoyen. Vous respecterez nos garanties, qui sont aussi les vôtres. Cette noble famille que nous voyons autour de vous, élevée dans l'amour de la patrie, de la justice et de la vérité, assurera à nos enfans la paisible jouissance de cette Charte que vous allez jurer, et les bienfaits d'un gouvernement stable et libre. »

nourri dans l'amour de la patrie et de la liberté; c'est qu'à ses côtés on contemplait avec avenir ses deux premiers fils dotés de tous les bienfaits de l'éducation publique; c'est ainsi que les cœurs et les yeux s'élevaient vers la tribune où se trouvaient deux princesses, non moins admirables par la bonté de leur ame que par l'élévation de leurs sentimens.

Le roi prêta son serment d'un ton ferme et consciencieux, et les cris de *vive Louis-Philippe! vive le roi des français!* éclatèrent de toutes parts dans l'assemblée (1).

(1) S. A. R. lut d'abord son acceptation ainsi conçue: « Messieurs les pairs, Messieurs les députés, j'ai lu avec une grande attention la déclaration de la Chambre des députés, et l'acte d'adhésion de la Chambre des pairs; j'en ai pesé et médité toutes les expressions. J'accepte sans restriction ni réserve les clauses et engagemens que renferme cette déclaration, et le titre de roi des Français qu'elle me confère, et je suis prêt à en jurer l'observation. »

S. A. R. se leva ensuite, et, la tête découverte, prêta le serment dont la teneur suit:

« En présence de Dieu, je jure d'observer fidèlement la Charte » constitutionnelle avec les modifications exprimées dans la déclaration; de ne gouverner que par les lois et selon les lois; de faire » rendre bonne et exacte justice à chacun, selon son droit, et d'agir en toute chose dans la seule vue de l'intéret, du bonheur et » de la gloire du peuple français. »

Séance mémorable qui a posé les bases d'un avenir de gloire et de liberté, qu'il est dans le cœur de Louis-Philippe de réaliser pour le bonheur de tous les Français.

M. le commissaire provisoire au département de la justice présenta ensuite la plume à S. A. R., qui signa le serment en trois originaux, pour rester déposés aux archives royales, et dans celle de la Chambre des pairs et de la Chambre des députés.

Le silence s'étant alors rétabli, S. M. se plaça sur le trône et prononça le discours suivant :

« Messieurs les Pairs et Messieurs les Députés,

» Je viens de consommer un grand acte; je sens profondément » toute l'étendue des devoirs qu'il m'impose, j'ai la conscience que » je les remplirai. C'est avec pleine conviction que j'ai accepté le » pacte d'alliance qui me fut proposé. J'aurais vivement désiré ne » jamais occuper le trône auquel le vœu national vient de m'appe- » ler; mais la France, attaquée dans ses libertés, voyait l'ordre » public en péril; la violation de la Charte avait tout ébranlé; il » fallait rétablir l'action des lois, et c'était aux Chambres qu'il ap- » partenait d'y pourvoir : vous l'avez fait, Messieurs. Les sages » modifications que nous venons de faire à la Charte garantissent » la sécurité de l'avenir de la France, qui, je l'espère, sera heu- » reuse en-dedans, respectée au dehors, et la paix de l'Europe de » plus en plus affermie. »

A ces mots le cri de *vive le roi !* retentit égalemen dans tout le corps-de-garde, dont les vitreaux com mençaient à s'éclairer des premiers rayons d soleil.

# Table des Matières.

www.ingramcontent.com/pod-product-compliance
Ingram Content Group UK Ltd.
Pitfield, Milton Keynes, MK11 3LW, UK
UKHW012028240726
13965UKWH00002B/643